大正文士のサロンを作った男

奥田駒蔵とメイゾン鴻乃巣

奥田万里

幻戯書房

口絵①　奥田駒蔵43歳(駒蔵最後の写真)

②京橋南伝馬町のレストラン鴻乃巣（大正8年ごろ）
レストランrestaurantの綴りが間違っている

◀左ページ
上　④震災後の「鴻乃巣」
隣接の千代田生命ビル竣工記念の写真はがき
（モノクロ写真に彩色したもの）
下　⑤震災後の「まるや」（日本橋区上槙町6）

③レストラン鴻乃巣の内部（一階）

京橋南傳馬町千代田ビルディング
工事費 二五〇〇、〇〇〇圓
延人員 二五〇〇〇〇人
延坪 三三八〇坪

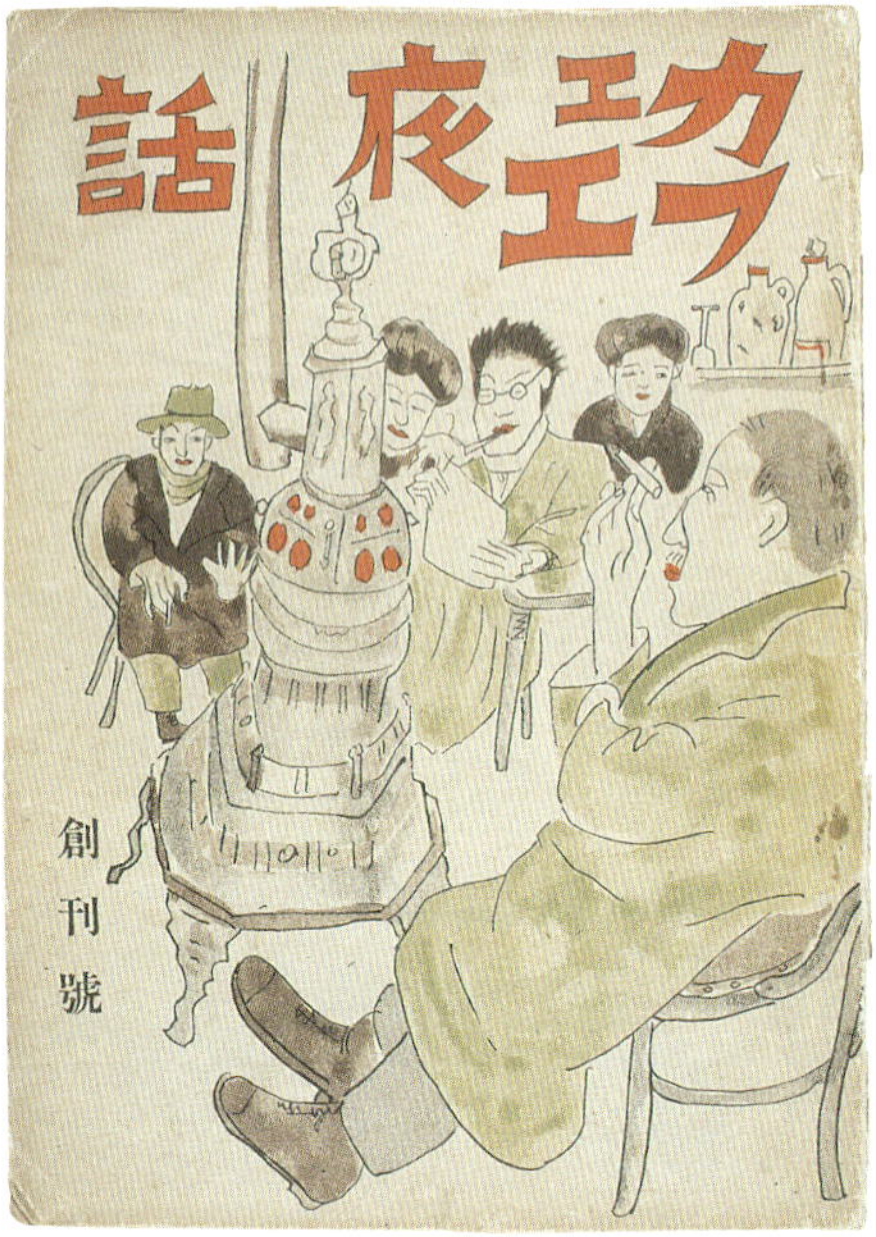

⑥『カフェエ夜話』創刊号表紙（日本近代文学館蔵）

◀左ページ
上　⑧木版画「ダリア」鴻巣山人原画
下　⑨木版画「柘榴（晩秋三種）」鴻巣山人原画
（⑧⑨とも渡邊木版美術画舗蔵）

⑦『カフェエ夜話』五月号表紙（日本近代文学館蔵）

鴻巣山人

晩秋
鴻巣山人

⑩鴻巣山人画「蛙百態」　その一〔右〕（奥田蔵）／その二〔左〕

▲⑪鴻巣山人画　屏風「蛙」
（吉田直一郎氏蔵）

▲⑫駒蔵の挿絵「私が建てた鳩の家」
（大正12年4月『郊外』）

◀⑬駒蔵の挿絵「まるや完成」広告
（大正13年5月17日東京朝日新聞）

⑭奥田駒蔵の家族　大正７年ごろ（推定年齢 妻ヨネ29歳，息子一夫10歳，駒蔵36歳）

はじめに

大正十四（一九二五）年秋、作家永井荷風のもとに一通の訃報が届く。あの「メイゾン鴻乃巣《こうのす》」の店主奥田駒蔵が死んだという。その日荷風は日記に、こう記している。

十月三日。鴻巣山人奥田氏名駒蔵本月朔《ついたち》病死。本日午後赤阪台町法土寺にて葬儀執行の由。葉書の通知あり。山人は京橋南伝馬町二丁目西洋料理屋鴻ノ巣の主人なり。大阪の人にて始《はじめ》外国軍艦の料理人なりしといふ。明治四十二三年の頃始て小網町の河岸にさゝやかなる二階家を借り、洋食屋を開業せしに、当時新進文士の結社なりし昴《すばる》社の人々の眷顧を受け、鴻ノ巣の名忽《たちま》ち世に知らるゝに至りしかば、数年の後現在の処に三階づくりの大廈《たいか》を築き、また近傍に大阪風のすつぽん料理を開店し、俄《にわか》に富を興したり。かくて業務の余暇丹青《たんせい》の技をまなび、自ら鴻巣山人と号し、時々自作の展覧会を催して娯《たのし》みとなせり。山人の如きは啻《ただ》に貨殖の才あるのみならず、亦能《よ》く風流を解したるものと謂《い》ふべし。年歯未だ知命《ちめい》には至らざるべきに、惜しむべきことなり。この日北風吹きすさみて気候俄にさむくなりぬ。十六夜《いざよい》の月あきらかなり。

明治四十一（一九〇八）年フランスから帰国した荷風は、当時の日本の上っ面的な文明開化のさまを鋭く批判、むしろ江戸情調漂う世界に新味を見いだし小説を書いていくが、食に関しては洋風を好んでいた。荷風の日記『断腸亭日乗』を読むと、帰朝後十数年、外国暮らしの延長で朝食は毎日焼きパンとコーヒーだったことがわかる。また、荷風が大正期もっとも頻繁に利用したレストランは風月堂だったが、「鴻ノ巣の料理の腕はなかなかいい」と、別なところで書いているので、ときおり訪れていた店の主奥田駒蔵のことも気にかかっていたのだろう。自宅に届いた駒蔵葬儀の通知にこころを動かされ、その若すぎる死に対しこれだけの追悼文を書き留めていたのである。

当代きっての風流人荷風をして、「山人の如きは啻に貨殖の才あるのみならず、亦能く風流を解したるものと謂ふべし」と言わしめた西洋料理屋鴻ノ巣の主人奥田駒蔵とは、一体どんな人物だったのだろうか。

明治四十三年夏、東京日本橋小網町に開店した西洋料理店「メイゾン鴻乃巣」は、北原白秋や木下杢太郎、志賀直哉、吉井勇など、のちに著名となる少壮文士たちで賑わいをみせ、当時の新聞・雑誌にさかんに取りあげられるとともに、数々の文学作品のなかにも店の名は刻印されている。店はその後移転を繰り返すが、どこにあっても「メイゾン鴻乃巣」は、文学界あるいは美術界の舞台装置のひとつであった。

しかし店主奥田駒蔵について、その実像はほとんど知られてこなかったといってよい。これは駒蔵の早すぎる死によって、彼らに愛された西洋料理店もまた、忽然と姿を消してしまったからである。

さて、ここに奥田駒蔵本人が書いた広告文がある。

桜の季節が近《ちかづ》きました。酒の季節も近きました。それと同時に私共でも桜と酒のために支度をしなければならなくなりました。御覧なさい。カクテルやポンチ酒の盃にももう春の気分が漂て居ります。若《も》し皆さんが鴻の巣特有のカクテルやポンチを召上りながら二階の窓から江戸ばしや荒布《あらめ》橋の方を御眺になりますならば私共が常に憧憬れて居る江戸の面影が眼の前にうつりませう。

これは明治四十五年四月の文芸雑誌『スバル』に掲載された「メイゾン鴻の巣」の広告だが、春、浮き立つような花の季節到来に、巷の人々を花見がてら「鴻の巣」に誘い出そうという、実に飄逸で秀逸、心憎い文章である。

私は平成十五年、『スバル』複製版でこの広告文を目にしたとき、紙面の向うから、得意になって客を呼び込む駒蔵の声が聞こえてくるような気がした。それ以来、こんな洒脱な文章を書く人物奥田駒蔵にすっかり魅せられて、文献資料を掘り起こし、調査研究をつづけてきたのである。

本書では、これまでに解明された「メイゾン鴻乃巣」の実態と、店主奥田駒蔵の半生を、明らかにしようと思う。

予め断っておくが、店名については、店主奥田駒蔵自身さまざまな表記を用いていて、あまりこだわりをもっていなかったようである。「メイゾン」なしで単に「鴻乃巣」と書いていることも多い。その鴻乃巣も「鴻之巣」「鴻ノ巣」「鴻の巣」「鴻巣」「コオノス」「コーノス」などなど、気分で使い分けていたらしい。「メイゾン」についてもフランス語のつづりではmaison、メゾンと発音するのが普通だが、これを駒蔵は「メイゾン」と読ませていた。ときには「メーゾン」とも書いている。また「メエゾン」という表記も混在する。そこで正式名はと問われれば、私は創業時の看板に書かれている「メイゾン鴻乃巣」ということにしている。

目次

第三章　「メイゾン鴻乃巣」誕生と変遷

第四章　自由人駒蔵の素顔

装幀　坂本陽一

大正文士のサロンを作った男——奥田駒蔵とメイゾン鴻乃巣

◎引用についての凡例

一、引用原本は本文中に記した。

一、漢字は原則として新字体に改めた。ただし人名や『假面』など固有名詞はその限りとしない。

一、仮名は引用原本に従った。「吉井勇全集」（一九六四年刊）など、歴史的仮名遣いと現代仮名遣いが混合している場合も、そのままとした。

一、補足が必要と思われる箇所は〔　〕内に筆者註として示した。

第一章　文士の梁山泊「メイゾン鴻乃巣」

明治末期から大正にかけて、「メイゾン鴻乃巣」に足を踏み入れた文士・芸術家たちは数知れない。

文学関係では、木下杢太郎、北原白秋、吉井勇、与謝野寛、与謝野晶子、志賀直哉、里見弴、郡虎彦、谷崎潤一郎、長田幹彦、上田敏、小山内薫、永井荷風、森鷗外、高村光太郎、水野葉舟、和辻哲郎、岩野泡鳴、正宗白鳥、島村抱月、芥川龍之介、久米正雄、寺田寅彦、田村俊子、平塚雷鳥、尾竹紅吉、平出修、大杉栄、荒畑寒村、片山潜、堺利彦、堀口大學、三木露風、西条八十、萩原朔太郎、室生犀星、日夏耿之介、芹沢光治良、柳宗悦……。

美術関係では、九里四郎、伊上凡骨、木村荘八、岸田劉生、小杉未醒、長谷川潔、森田恒友、岡落葉、正宗得三郎、石井柏亭、山本鼎、関根正二、野長瀬晩花、奥村博史、北大路魯山人、バーナード・リーチ……。

ある者は作品に「鴻乃巣」の名前を記し、ある者は日記に書き残す。またある者は昭和になってから、若き日の思い出話として登場させている。

そこでまず、彼らが刻した「メイゾン鴻乃巣」の記録をいくつか拾い集めて、鴻乃巣に集う文芸家たちと店主奥田駒蔵との交わりのようすをのぞいてみよう。

木下杢太郎の「該里酒《せりいしゅ》」

東京の数ある西洋料理店のなかから「メイゾン鴻乃巣」を最初に見いだしたのは、木下杢太郎だとされている。

明治四十一年当時、木下杢太郎は東京帝国大学の医学生であったが、中学時代から傾倒していた文学や美術への関心止みがたく、新詩社を脱退したあと文芸雑誌『スバル』に加わる。また美術雑誌『方寸《ほうすん》』などにも文章を寄稿するなど、疾風怒濤の青春のエネルギーを創造的活動のなかに見いだそうともがいている青年だった。彼が提唱した青年文学者・芸術家たちが語り合う「パンの会」は、明治四十一年暮れから頻繁に開催されている。しかし東京中探しても、会にふさわしい「パリのカフェらしい家」はなかったという。

明治四十三年になって、杢太郎はとうとう「鴻の巣」を発見した。何度か店に通ううち親しくなった店主に、彼は詩を贈る。のちに編んだ詩集『食後の唄』の序のなかで、彼は鴻乃巣の主人の姿を次のように書き残している。

　そのころ日本橋も小網町のほとりに鴻の巣と云ふ酒場が出来た。まづまづ東京最初の Café と云つても可い家で、その若い主人は江州者ながら、西洋にも渡り、世間が広く、道楽気もある気さくな亭主であつた。亭主は conquerille〔ママ〕の漁人ならぬ我々に如何に Curaçao《きゆらさお》 の精神を快活にし、如何にGin《じん》の人の心を激怒せしむるかを教へた上に、「まづ酒杯《こっぷ》の形にもいろいろあります。それを一つお目に掛けませう」と云つて、小さいのは該里《しえりい》ので、これは赤葡萄《れっどわいん》杯《ぐらす》、これは白蒲桃杯《ほわいとわいんぐらす》と、一つ一つ手に挙げて、無足杯《たんぶらあ》、鶏尾杯《こくてえるぐらす》、璃球兒杯《りけえるぐらす》の数々を示説した。それは冬の夜のことで、華奢な火爐《すとおぶ》には緑色のえなめるの花が光り、外は外として東京の河岸らしい響のする中に、昔の浦里時次郎を物語る夜楽《やがく》の通らうといふ時であつた。そこで予は乃《すなは》ち立《たちどこ》ろに一曲作つて主人に贈つた。

該里酒　（「鴻の巣」の主人に）

冬の夜の暖爐《ストオヴ》の
湯のたぎる静けさ。
ぽつと、やゝ顔に出たるほてりの
幻覚か、空耳かしら、
該里玻瓈杯《セリイグラス》のまだ残る酒を見いれば
ほのかにも人の声する。
ほのかにも人のすすり泣く。

「え、え、ま、あ、な、に、ご、と、

ぞ、い、な………あ………」と
さう云ふは呂昇《ろしょう》の声か、
この春聴いた――京都の寄席の、
それをきいて人の泣いたる――。
乃至《ないし》その酒のしわざか。

冬の夜の静けさに
褐《あか》く澄む、該里の酒。
さう云ふは呂昇の声か、
乃至その酒のしわざか。
幕あけて窓から見れば、
星の夜の小網町河岸、
舟一つ――かろき水音。

ある冬の夜、看板間際の鴻の巣の店にはもはや杢太郎と店主しかいない。ストーブの緑の火が揺らめき、薬缶の口からは蒸気がシュッ、シュッとあがる。杢太郎はシェリーの余韻に浸っている。客の寛いだ表情に、店主は話しかける気になる。カウンター越しにつぎつぎと異なるグラスを取り出しては示す、得意気な駒蔵。杢太郎はグラスをとおして西欧への憧憬を揺さぶられる。かすかな水音に、遠くから新内《しんない》語りが聞こえてくる。当時の木下杢太郎が憧れた江戸情調と異国情緒が交錯する一場面がみえる。

吉井勇と異国の酒

木下杢太郎と同様、『スバル』同人の吉井勇もまた小網町鴻乃巣によく出入りしていた。明治四十四年十二月『スバル』掲載のメイゾン鴻乃巣の広告は、吉井勇の次のような歌で始まる。

　われの住むこの美しき鎌倉にかの「鴻の巣」のなきがさびしき（いさむ）

『吉井勇全集』には、青春時代を回想した随筆が数篇ある。そのなかの「鴻の巣」は、谷崎潤一郎との青春の一幕を描いている。

（略）その中でも一番はつきり思い出されるのは、日本橋の鎧橋の近くに「鴻の巣」があつた時分、たしか洲崎に遊びに往つた帰りだつたと思うが、またこの「鴻の巣」の二階の座敷で、二人差向いで飲みはじめ、到頭その晩そこに酔い潰れてしまい、朝になつて目を覚ましてみると二人とも着物も羽織も着たままで、まるめた座布団を枕にして何ひとつ掛けずに寝込んでいたのだつた。たしかその時のことだつたと思うが、谷崎君ははじめて縮緬の長襦袢を着ていて、

「君、この長襦袢の肌ざわりてものは、堪らなくいいもんだぜ」と云つて、私に向つて得意そうに自慢していたのを覚えている。

このとき店主駒蔵はどうしていたのだろうか。二階が急に静かになったので、階段を上って座敷をのぞいて見る。二人は酔いつぶれて、泥のように眠り込んでいる。着物も羽織も着たまんま、座布団を枕にして。「若いから風邪を引くこともあるまい。まあ寝かしておこうか」。そっと階段をおりて、店の戸締まりをしたのかもしれない。

また吉井勇の第一歌集『酒ほがひ』には、パンの会時代の景物が詠われている歌がたくさんあるが、そのうちの、

沸茶器《サモワル》の新しきこそうれしけれ新しき世のひとと語れば

あるいは、

珈琲の濃きむらさきの一椀《いちわん》を啜りてわれら静こころなし
あはれにも宴あらけてめづらしき異国の酒の香のみ残れる

などは、もしかしたら「鴻の巣」での感慨を詠ったものではあるまいか。

志賀直哉による広告

明治四十三年四月、志賀直哉は学習院時代の仲間と雑誌『白樺』を創刊した。『白樺』同人たちもまた、鴻乃巣の常連だった。

志賀直哉の日記を調べると、明治四十三年十二月から大正二年八月まで、足繁く鴻乃巣に出入りしていることがわかる。

直哉の日記に初めて「鴻の巣」が登場するのは、明治四十三年十二月二十一日のことだ。

病院―山内、―三秀社、―花―鴻の巣、―自家、―相手は沙鷗。

山内は里見弴の本名山内英夫、当時は直哉から伊吾とも呼ばれていた。三秀社は『白樺』の印刷所である。

直哉は、明治四十二年から吉原に遊ぶことを覚え、四十三年には「女といふ者がノーマルな状態で自分のライフに入つて来る」ようになり、のちにこの経験を小説の材料にする一方で、性病に苦しみ病院通いしている。

直哉は翌日も伊吾（里見弴）と出かけている。

明治四十三年十二月二十二日

三秀社に校正に行き、病院へ行き、また三秀社、夜伊吾と鴻の巣に行き吉井勇と谷崎に会ふ。

のちの里見弴の回想によれば、里見が鴻乃巣の存在を知ったのは洋画家の九里《くのり》四郎につれて行かれたからだという。時系列は不明だが、直哉が鴻乃巣に行くようになったのは里見弴の導きなのかもしれない。とくに明治四十五（大正元）年の直哉の日記から拾うと、六月四回、九月五回、十月四回と、頻繁に鴻乃巣通いをしていることがわかる。直哉の「友人耽溺」のひとつの現れであろう。この時期は、前述のような店主駒蔵の巧みな広告文が、『白樺』紙上にも畳み掛けるように掲載されているので、その効果は覿面《てきめん》だったとみえる。

直哉の日記からあと二つの記述を引いておく。

大正元年九月三日

朝起きると案外　体の具合よし

（略）一緒に天子様の話などを聞きながら帰宅。泥棒がつかまつて来たといふ。鴻の巣の広告を作る。

なんと、直哉は駒蔵から「鴻の巣の広告」文を書くよう依頼されているようだ。『白樺』を探すと、直哉の書いた「広告」は、この年の十月号と十一月号に連続して掲載されていることがわかった。

『白樺』第三巻十月号（大正元年十月）

《広告》

「何屋の何」と凡そ第一流で名代になつて居る程の食べ物は多少味《あぢは》ひに趣味を持たれる人には直ぐその品から、それを作つた人の味覚のデリカシーと商売に対する鋭い良心とを味ひ得られる事と思ひます。それを正当に解する為めにはこつちも余程鋭敏な且つデリケートな舌を持たねばなりません。

然し「鴻の巣」の料理や飲物がそれ程の物とは少し謙遜すると（「鴻の巣」には気の毒だが）到底申されますまい。若しかすると其囲までは大分あるかも知れません。けれども兎も角「鴻の巣」の主人は其商売に対して中々鋭い良心を持つた人であります。もつと云へば第一流の料理屋になれる充分な資格を持つた人だと考へます。それは今でも料理にでも飲物にでも又器具の清潔な事にでも御認めになれる事と思ひます。皆さんが贔屓にすると吃度《きつと》発達する料理屋だと考へます。

頼まれもしないのに、提灯持記す。

（追白）「鴻の巣」へ行くといつでも文学や画の方の人達が酒を飲むで大きな事でも云つてるやうに御考への方があれば、それは誤解です。

やや抑えた表現ながら、主人は「第一流の料理屋になれる充分な資格を持つた人」だとか、「皆さんが贔屓にすると吃度発達する料理屋」になると、提灯持ち振りを発揮しているところなど、思わず微苦笑を誘う。

大正元年十月十一日
柳と入れ更つて鴻の巣が来た。絵を二枚ヤル。夕方かへつて行く。

これも直哉と駒蔵の親しい交流を物語っているが、果たして何の絵だったのだろうか、直哉は自宅に来た駒蔵に絵を二枚渡したりしているのだ。

文芸家の集まり「十日会」

文芸関係者の懇話会「十日会」は大正二年十一月五日を第一回として、主に鴻乃巣を会場にして毎月一回（大正三年から毎月十日）開かれた会である。

幹事役だった画家の岡落葉は、読売新聞の記事につぎのように書いている。

場所と気分がしつくり合つて非常に愉快な会でした。御存知の通り、此処の主人は仏蘭西帰りで画の趣味等もある男ですから、私共の我儘も随分通して貰つたものでした。（中略）

鴻の巣が日本橋の食傷新道に引越した頃の事でした。あそこの三階の十畳位の室が、私共の部屋みたやうなものでしたが、三十人近い人達が集まつたのでしたから、其の狭かつた事は、読売新聞社からでしたか写真を撮りに来た事がありましたが、室が狭かつたので隣家の屋根の上に三脚を立てて撮影したやうな笑ひ話もありました。夕方から集まつて十一時頃まで、お互に打解けて話し合つたものでしたが、会を了つてから男女混交で三十分位散歩し、二次会をカッフェーで開いた事等もありました。かうして鴻の巣が日本橋通りに移るまでは、毎月一回あそこに会合したものです。

大正四年一月十日に撮影された十日会の写真が雑誌『処女』（第八巻二号）に掲載されているが、これが岡のいう隣家の屋根に三脚を立てて撮ったものだろうか。尾島菊子、岩野泡鳴、小寺鍵吉、吉江孤雁、嵯峨秋子、加藤みどりの諸氏の名が挙げられている。

歌人前田夕暮も十日会のメンバーの一人だった。『前田夕暮全集』に収められた随筆「素描」の大正時代のところで、彼は次のように書いている。

鴻の巣の提灯あかき雪の日の南伝馬町にいでにけるかも

レストラン「鴻の巣」は南伝馬町にうつるまへに、白木のよこの路地奥にあつた。この「鴻の巣」を会場として毎月集る「十日会」なる文壇人の自由会合があつた。最初の主唱者は、岩野泡鳴、正宗得三郎君などであつたが、あとから、室生犀星、萩原朔太郎君なども加わつた。私もよく出席したが、なかなか愉快な会であつた。（中略）

萩原朔太郎君がマンドリンなどをひいたり、室生犀星君が酔つてチグリースばりに、玩具の拳銃を往来の人につきつけて問題をおこしかけたりしたことなどあつて、思ひ出としてはなつかしい限りである。六七年つづいた「鴻の巣」の二階の「十日会」で、顔をあはした作家、詩人、歌人、画家は随分多数にのぼつた。岩野泡鳴氏の元気のある笑声が今でも耳にあり、眼に見える。

会の牽引役だった岩野泡鳴が死去したのは大正九年のこと、鴻乃巣はすでに京橋南伝馬町に移転している。前田夕暮は、京橋の店先に揺れる赤い提灯から、木原店「鴻乃巣」での華やかな「十日会」を思い起こし、在りし日の泡鳴の姿を偲んでいるのだ。

小山内薫の舞台

京橋の鴻乃巣が、小山内薫の演劇の舞台として使われたことを知る人は、そう多くないだろう。田中栄三編著『明治大正新劇史資料』によると、「新劇場」第四回試演が大正六年二月三日から五日までの三日間、京橋鴻の巣で行なわれたとある。

「新劇場」というのは、小山内薫が近代劇の研究のためモスクワ、ベルリン、ロンドンなどを七カ月余り視察して帰国したあと、同じくベルリン留学から帰った山田耕筰とともに大正五年に立ち上げた研究的劇団・舞踊団である。

田中栄三自身「新劇場」に加わった研究生のひとりであったが、彼は著書で、「新劇場」が大正五年から六年にかけて、全部で四回の公演を行っており、会場は第一回帝国劇場、第二回本郷座、第三回試演は丸の内保険協会講堂、そして第四回試演が京橋鴻の巣だったと書いている。

鴻の巣での演目はつぎのとおりであった。

（一）「記念の宝石」アナトオルの中一幕。シュニッツレル作　秦豊吉訳

役割　アナトオル（田中栄三）エミリイ（福田稲子）

（二）「奥底」一幕　ヘルマン・バアル作　森鷗外訳

役割　主人エルキン・ルス（金井謹之助）客レオ・リンゼル（横川唯治）娘ヘレエネ（花柳晴美）僕ヨハン（深水章）

（三）「彼は如何にして彼女の夫を欺きしか」一幕　バアナアド・ショウ作　和辻哲郎訳　新劇場改修

役割　主人テディ・ポンバス（金井謹之助）夫人オオロラ（福田稲子）青年ヘンリイ・アプジョン（横川唯治）

（四）「上着」一幕　グレゴリイ夫人作　中谷徳太郎訳

役割　チャンピョンの主筆へエゼル（荘司亘）トリビューンの主筆ミネオグ（田中栄三）

給仕人ジョオン（深水章）

この公演に出演した田中栄三は、前述の著書でさらにつぎのように記している。

小山内薫氏の新劇の研究と、山田耕筰氏の創意になる新舞踊詩の研究と、この二つの発表を試みたのが新劇場の目的だったが、経済的失敗のために、二回の公演と二回の試演だけで終りとなった。

猶、第三回試演の「若旦那と小間使」は、会員組織のため上演禁止にならなかったが、あとで私は丸の内署に呼ばれて注意を受けた。それにもこりず、その年の暮のクリスマスの晩に、鴻の巣の四階で、「輪舞」の中の「ぢごくと兵隊」を荘司亘の兵隊、宮部静子のぢごくで上演した。シュニッツレルの問題作「ライゲン」が、日本の舞台で上演されたのは、この二種だけであった。

小山内薫は「借金は借金の儘《まま》」をモットーとしていたそうだが、大劇場の公演でも客はまばらで、莫大な損失は目に見えており、三回目以降は小さな会場での試演に至ったのだろう。

田中栄三は別の著書『新劇その昔』でも、大正六年二月の第四回試演会場を鴻乃巣の四階にしたのは、前の年の「クリスマスの晩に鴻の巣で一幕公演をした関係で会場を提供してもらった」と、書いている。京橋の鴻乃巣は四階建てのビルで、一階がバアと喫茶、二階・三階がレストランと大小の宴会場になっていたが、四階に演劇の舞台となるような大部屋なぞ果たしてあったのだろうか。試演が何を意味しているのか不明だが、おそらく大道具などの舞台装置はないままで、一幕だけ実験的に上演してみたのだろう。

劇作家の秋田雨雀は、この公演前の一月二十八日の日記にこう記している。

夜、花柳に電話をかけると、今、メーゾン・コーノスの新劇場の稽古にゆくからこないかということであった。八時ごろメーゾン・コーノスへゆくと、田中、横川、福田、金井その他の人々がいた。花柳はヘルマン・バアルの『奥底』の稽古をした。

「花柳」は女優花柳晴美のこと、「奥底」で娘ヘレエネを演じている。

さらに試演中日の二月四日の雨雀の日記。

夕方から新劇場を見にいった。シュニッツレルの『記念の宝石』ヘルマンバアルの『奥底』、ショオの『彼は如何にして彼女の夫を欺きしか』及びグレゴリイの『上着』であった。花柳は素質がいいようだ。

舞台装置や他の観客についての言及はない。

また、バーナード・ショーの研究者大浦龍一氏は平成二十二（二〇一〇）年の論文に、次のように書いている。

一九一七（大正六）年二月には、『彼は如何にして彼女の夫を欺きしか』How He Lied to Her Husband（新劇場訳）が新劇場の試演として京橋メイゾン鴻巣4階で上演された。この劇団は実は小山内薫と山田耕筰が、新劇と新舞踏劇のために設立したものだ。しかし、二人とも多額の負債を抱え、債鬼に追われる立場となった。そのような状況下でこの劇団の最後の上演となったこの回の演出に小山内が関わっていたか不明である。

債鬼に追われた小山内薫抜きの公演だった可能性があるとしても、三日間、午後五時から鴻乃巣の四階で試演が上演されたことは確かであり、これが新劇場の最後の公演となったのだ。

小山内薫は『新思潮』の時代からよく鴻乃巣に出入りするひとりだった。店主駒蔵は、革新的な新劇を生み出そうともがく小山内の不遇な時代を陰から支援していたのだろうと思う。駒蔵との連携は、小山内のつぎの挑戦となる築地小劇場創設時にも発揮され、駒蔵は小山内をとおして映画界ともつながりをもっていたようだ。これについては第四章に書くことにする。

このようにメイゾン鴻乃巣は、いつも新しい風を求める文芸家たちで賑わっていた。奥田駒蔵は店主として裏方に徹しながらも、個性の強い客たちに対し実に気さくに接していて、彼らとの交流をむしろ楽しんでいたようすもうかがわれる。

さて奥田駒蔵は、荷風も褒める本格的な西洋料理をいったいどこで学んだのだろうか。そもそもどこで生まれ、どこで修行し、東京に店を持つまでになったのだろうか。次章では、東京に辿り着くまでの駒蔵の足跡をみていくことにする。

第二章　駒蔵の生い立ちと横浜修行時代

1　駒蔵の生い立ち

旅の発端

私が夫奥田恵二と結婚したのは平成七（一九九五）年のことだが、そのときすでに義母は亡く、義父もその二年後に他界したので、私は夫の家族のことをあまり知らないまま過していた。

あるとき、店先で夫が缶入りスッポンスープを熱心に眺めている光景に出くわして、この人何を考えているのかしらと訝《いぶか》しんだことがあった。あとで聞いた話によると、義父は終戦まで東京でスッポン料理店をやっていたとのこと、なにやらホッとしたものだ。しかし夫の話で驚いたのは、義父のことより祖父のことだった。「ジイサンは、明治の終わりごろ日本橋で西洋料理店のシェフをやっていた」というのだ。店の名は「コウノス」。「なんでも白秋の詩に出てくる店だったそうだよ」とはいったものの、それ以上踏み込んだ話はしていない。

永井荷風の日記に「コウノス」が登場するらしい、との情報を私が最初に摑んだのは、平成十五

（二〇〇三）年のことだった。早速『断腸亭日乗』を買い求め、大正六年からの日記を読み進めるうちに、大正十四（一九二五）年十月三日の記述が目に飛び込んできた。

「鴻巣山人奥田氏名駒蔵……」これって、ジイサンのことなの？

私は義父が亡くなったとき手に入れた戸籍原簿と照合する。祖父駒蔵死亡の日付は確かに大正十四年十月一日とある。あの荷風が、一介の洋食屋の店主の死によくぞここまで書いてくれたものだと、私は心臓が口から飛びでるほど驚嘆し、興奮した。そしてこの衝撃こそが、白秋に詩を書かせ、荷風ほどの風流人をして「よく風流を解したるもの」といわしめた鴻巣山人奥田駒蔵を徹底的に調査し、追究しようと決意する原動力となる。

私は祖父に関する資料をできるだけ集めようと、次のような作業を開始した。

ひとつは、奥田の家族に伝わる祖父の伝聞を集めること。これは義兄が覚え書きにしてまもなく送ってくれた。もう一つは図書館で、「メイゾン鴻乃巣」に関する文献資料にあたること。さいわい静岡県立中央図書館の司書の方が熱心に相談にのってくれた。

義兄の覚え書きなどから、駒蔵が上京して開業した明治四十三（一九一〇）年ごろから死亡する大正十四（一九二五）年までの後半生の概要はだいぶ明らかになってきたが、生地京都府久世郡寺田村（現京都府城陽市）のことや横浜修業時代のことは、まるで雲をつかむような話で、まったく見当がつかなかった。

ふるさと城陽にはまだ駒蔵の縁者はいるのだろうか。

ともに東京生まれの夫や義兄は、京都の駒蔵ゆかりの縁者とはすっかり疎遠になってしまっていた。そこで私は、唯一の手がかりである戸籍原簿をもとに、京都の親戚を探すことにした。

戸籍簿の戸主は、駒蔵の兄奥田庄之助であった。前戸主父太兵衛、母マツの記載のあと、庄之助の家族として妻ミツ、長男順蔵、次男政次、長女トヨノの名が続く。次に庄之助の弟駒蔵とその妻ヨネ、駒蔵の長男一夫が記され、さらに庄之助の三男以下の家族（庄之助・ミツ夫婦には七男、二女の子供がいた）と、末尾に駒蔵の息子一夫の妻恵礎子の名も見える。〔巻末奥田家家系図参照〕

兄庄之助は、昭和三十四年に本籍地寺田村北東西で死亡するが、その届を出したのは「同居の親族奥田忠市」と記載されていた。忠市は庄之助の四男、駒蔵の甥にあたる。

私が図書館にある城陽市の電話帳で照合し始めたのは、すでに平成十七（二〇〇五）年の秋になっていた。

まず驚いたのが、城陽市には奥田姓が実に多いことだ。電話帳の三行にわたり百軒以上もの奥田姓が並んでいる。そのうち、住所で町名寺田北東西と絞り込むと十二件になった。そのなかに「奥田忠市」の名前を見つけたときは、思わず快哉の声をあげた。戸籍によれば駒蔵の甥忠市は明治四十五年生まれ、この時点ですでに九十を過ぎている。果たして電話帳の奥田忠市が、駒蔵の甥と同一人物であるかどうか、こうなったら直に当たってみるしかない。失礼のないよう忠市氏宛て照会の手紙を書き、電話帳の住所に送ってみたところ、平成十八年四月になって、忠市の息子の妻きみ子さんから電話をいただいたのだった。

きみ子さんは、義父忠市の父親庄之助と駒蔵が確かに兄弟であること、忠市はすでに平成元年に亡くなっていること、その上忠市の息子であるきみ子さんの夫利彦もまた、前年五十歳代の若さで急死したばかりだと、私に告げた。最近家を建て替えたので、いまは番地も変わっているが、電話帳はまだ忠市のままにしてあったという。

きみ子さんは同じ城陽市寺田出身の方だが、私と同い年の戦後生まれである。したがって奥田家の古い時代のことはよくわからないものの、「駒蔵はんのことは、義父母から、すっぽん料理の店が繁盛してえらい出世したと聞いてます」と、京言葉で話してくれた。

駒蔵の縁者を突き止めた喜びの反面、もはやふるさとにも駒蔵の実像を知る人はほとんどいないという焦りにも似た思いが交錯する。しかし、「一度お祖父さんのふるさとでお会いしましょう」という、きみ子さんの明るい言葉に誘われて、その年の六月、私は夫をともなって駒蔵のふるさと寺田村を訪ねたのだった。

ふるさと寺田村を訪ねて

奥田駒蔵は明治十五（一八八二）年三月五日、京都府久世郡寺田村（現城陽市）に生まれた。戸籍簿をみると、父奥田太兵衛は天保十二（一八四一）年生まれ、大正八年七十八歳で死去。母マツは弘化三（一八四六）年生まれ、明治三年に奥田太兵衛と結婚、大正十二年に七十六歳で没している。

生地寺田村は、京都府の南部、京都市と奈良市の中間地点にあり、山城盆地の中央に位置している。西に木津川が流れ、東には丘陵地鴻ノ巣山が控えている。昭和二十六（一九五一）年に久世郡と綴喜《つづき》郡の四町が合併して久世郡城陽町となり、昭和四十七年になって市制に移行したものだという。現在の城陽市は、北東に宇治市、南に京田辺市があってその間にはさまれているが、市の中央をＪＲ奈良線、近鉄京都線が南北に並行して縦貫している。駒蔵が生まれ育ったころの鉄道は、まだ京都と桃山間しか走っておらず、京都奈良間が全面開通したのは明治二十九（一八九六）年になってからのことである。いまでも沿線から一歩外れれば、城陽から京田辺周辺にはのんびりとした山城の田園風景が広がっている。

私が夫とともに初めて駒蔵の生地を訪れたのは、平成十八（二〇〇六）年六月のことだった。城陽には、鴻ノ巣山から入った。

鴻ノ巣山は、駒蔵が東京日本橋で開業した西洋料理店にその名前を拝借した山である。駒蔵は幼いころから目にしてきたこの山を終生忘れたことはなかった。のちに自ら「鴻巣山人」と号して、絵をかいたりもしている。鴻ノ巣山は駒蔵にとって、愛して止まないふるさとの象徴だったのだ。現在の鴻ノ巣山は運動公園となり、テニスコートやハイキングコース、宿泊施設が整備され、市民の憩いの場となっている。

その日奥田家には、きみ子さんと中西千恵子さんの二人が待っていてくれた。千恵子さんは駒蔵の兄庄之助の妻ミツの兄の孫にあたる方で、子沢山だった庄之助は五男義市をミツの兄へ養子に出すなど、中西家と奥田家はかなり親しく行き来していたそうだ。

中西千恵子さんは昭和九年生まれで、私の夫とほぼ同世代である。もちろん千恵子さん自身は駒蔵を直接知る由もないが、駒蔵と同世代である中西家の祖母から伝え聞いた話をよく覚えていて、ふるさとでの駒蔵のようすを聞くことができたことは幸いだった。

千恵子さんによると、祖母中西リツは、義理の弟にあたる駒蔵からもらったフランス土産を大切にもっていたそうだ。それは裁縫道具の一つで、しゃれたケースの中から針が一本ずつ取り出せるというもの。針仕事をよくしたリツは、これを長い間宝物として大事に保管していたという。

リツから聞いた話に、駒蔵の帰郷のときのことがあった。駒蔵は寺田村に帰ってくると、真っ先に学校（寺田尋常高等小学校）に出かけたという。そのとき駒蔵は、全校児童に行きわたるほどの鉛筆や帳面、そのほか子供たちが喜びそうな品々を携えて行ったらしい。リツはそのときのようすを、「まるで天皇陛下をお迎えするときのように、全校児童が校庭に整列、駒蔵は朝礼台の上でニコニコしていた」と語ったという。学校では、それらの品々を運動会やさまざまな行事の賞品にしたそうだ。

きみ子さんの話では、駒蔵に関係する本なども家を建て直す前まではまとめて保管してあった記憶があるが、その後すべて処分してしまったとのこと。

このあと、私たちは奥田家の菩提寺である念仏寺に行き、駒蔵の父太兵衛の墓に手を合わせたが、念仏寺は住職が代替わりしているので、いまでは過去帳を含め古い時代のことはわからなくなっているとのことだった。

駒蔵は大正十四年に死亡するまで、本籍は寺田村にあったものの、その後息子の一夫が昭和八年に結婚すると、妻ヨネと息子一家は本籍地の奥田家から籍を抜き、分家している。

翌日城陽市の教育委員会事務局で調べると、明治期の寺田村にあった小学校は、現在北山田にある市立寺田小学校であることがわかった。寺田小学校はＪＲ城陽駅のすぐ西にあり、学校要覧によると、創立は学制発布の翌年の明治六年で、平成十五（二〇〇三）年に創立百三十周年を迎えた伝統ある小学校であった。校歌の冒頭に「ここ鴻の巣の丘の上」と歌われている。また、二番に「ほこりも高き大くぬぎ」の歌詞があるように、校庭に立つ櫟の巨樹が学校のシンボルとなっていた。しかし子供たちを百三十年間見守ってきたこの大くぬぎは、平成十五年の記念の年に猛暑で枯れてしまい、現在は平成の櫟五本を新たに移植して育てているという。切り倒した先代の大櫟で作った立派な机と椅子が、学校の玄関に陳列されていた。

この日、私たちは教頭先生に面会することができたが、明治以来の伝統を誇る学校といえども、校内に明治大正期の資料などまったくなく、戸棚のなかにある昭和四十年代の児童向け雑誌が最も古いものだという。前日千恵子さんから聞いた小学校での駒蔵のようすなどを教頭先生に話してみたが、今はむかしの物語で、明治どころか昭和でさえ遠くなりにけりを実感したものだった。

しかしこの旅で、駒蔵の人間形成の根幹であるふるさとを突き止め、所縁の人々と出会い、駒蔵の振る舞いなどを聞くことができたことは収穫だった。

この京都行きで新たにわかったことを記しておく。奥田駒蔵は父太兵衛、母マツの次男として生まれたが、兄庄之助と駒蔵のあいだには、二人の姉イマ、マツエがいた（生年は不明）。戸籍原簿にふたりの姉の名前がないのは、婚姻のため、すでに除籍となっていたものだ。結婚してイマは山本、マツエは名倉姓を名のっていたという。

駒蔵は兄庄之助の子供たち（長男順蔵、次男の政次、長女トヨノ）が成長すると、上京させ、鴻乃巣を手伝わせていたようだ。そのうち順蔵は、大正十二年九月一日店の用事で横浜に出向いていたとき、大地震に遭い、気の毒に二十三歳の若さで死去している。

少年時代の駒蔵

寺田村での駒蔵一家の暮らしぶりについて、城陽で聞き取りをした以上のことは皆無であると思われたが、同じころ私のもとに駒蔵の幼少年時代を物語る貴重な情報がもたらされた。『カフェエ夜話』という駒蔵が晩年に発行した個人雑誌（大正十二年三月創刊の月刊誌）二巻の存在だった。

この雑誌には「思ひ出づるままに」の表題で、駒蔵自身の筆による随筆九篇が、通し番号をつけて連載されており、駒蔵は、子供時代の寺田村でのようすを温かい筆致で活写している。興味深いのは、駒蔵はみずからの思い出話に脚色をして、教訓やら言い伝えを盛り込んだ昔話として仕立て上げているところだ。ここでは両親のこと、地域の言い伝えのこと、そして家族のことを書いた三篇をとりあげておく。

随筆二「一生に一度」（創刊号）：明治期ののんびりとした寺田村の農村風景を彷彿とさせる文章。学齢前の駒蔵のいたずらっ子ぶりと、優しい父親から一生にたった一度だけ叱られた思い出が綴られている。以下全文を紹介する。

私は兄弟中で飛び離れた末つ子に生れたので両親から大層可愛がられて育てられました。まだ小学校へも上らない前のことです、友達と裏の畑で無心に遊んで居りました。

畑には黄色い胡瓜の花や、紫の茄子の花が咲いてゐる頃でした。私の国では昔から南瓜を瓢簞やへちまのやうに、棚を慥へて其の上へ蔓を這わせる風習があります。南瓜が大きくなるにつれて段々と重みを増して行く頃には、古草鞋を尻の方から穿かせて吊るしてやります。夕方になると南瓜の棚の下で行水を使つて居る家なぞもあります。

暗い闇の夜なぞうつかり其の棚の下を通ると、草鞋を穿いてぶら下がつている南瓜にウンと云ふ程、頭をぶつけて痛い思ひをする事があります。

大きな熊蜂が胡瓜や茄子の花を飛び回つて、花の香りに酔ひ、雄蕊雌蕊にくちづけして居るのを面白がつて眺て居たり亦た鉄砲百合のやうに美事に咲いて居る黄色い南瓜の花の中へ熊蜂が奥深く這入つて行くのを見て、出てこられない様に外から摘んで蜂をイジメた

駒蔵の挿絵「一生に一度」(大正12年3月『カフェエ夜話』創刊号掲載)

りするのでした。其のうちに棒を持つて蜂を追ひ回したり、花をむしつたり果ては友達と二人で南瓜をたたきつこを始めました。其処へ丁度父が現れて此のありさまを見るや、急に私の頭をピシャンと一つ見舞ひました。

滅多に怒つたことのない父でしたが、初なりの南瓜を目茶目茶にして仕舞つたので余程腹がたつたものと見えます。

私が父からしかられたのは後にも先にも此の時ばかりでした。

随筆九「泳ぎ」（五月号）：故郷寺田村は西に木津川が流れている。夏、近所の子供たちと川遊びに行く。親に内緒で真っ裸になって泳ぎ、泳ぎ疲れると、川縁の桑の実を食べた。知らぬ顔で家に帰ると、母親が「又泳ぎに行つたな、顔に書てあるハ。祇園さんの祭りの前に泳ぎに行くとヌシに曳かれて死んでしまうよ」といって叱る話。左記の結びは、この地域ならではの言い伝えが生きている。

私達の地方では祇園祭の前にはキット川で死ぬ人があるので、誰でも恐れて居ります。それは昔から京都の祇園さんの橋の下が深い深い一面の池で、祇園祭りの前には必ず人の胆をそこのヌシに上げなければお祭りが出来ないと云ふ伝説があるので、何所の親たちも可愛い我子がそのいけにへに上げられる事を恐れてお祭り前には泳ぐ事を禁じるやうにして居ります。

随筆十「競売」（五月号）：駒蔵が故郷を離れるきっかけになった十二歳のときの哀しくも悔しいできごとをつづる。駒蔵にとって終生忘れえぬ屈辱の体験だったようだ。以下全文を紹介する。

正月も済んで農村の春は至つてのんびりとした、麦二三寸の頃であつた。二三日つづけて親類の人達が夜遅くまで何かひそひそと話して居られる様子が十二の少年の私の頭へ何かしら暗い影と不安とを与へた、其後幾日かの後に悲しい悲しい場面が私の眼前に展開されたのでした。

或朝母に起されて眼をさまして見ると多くの人が出入して、家財道具を座敷一面に並べたり隅の方へ積み上げたりして居ました。

愈々今日は、家は元より多くもあらぬ家財を残らず競売すると云ふ日に迫つたのでした。是と云ふ金目のもののあらふ筈はないけれども永い年月つかひなれ見なれて居る道具に別れると云ふ事はどんなにか名ごり惜しい事であろう、破れた煙草入、古帽子さへ持ち馴れたものは中々捨て難いが人情です。

今にして思へば此分散の日の来るまでには父上や母上が定召し寝られぬ苦悩の幾夜をか過されて骨の見ゆる思ひを成された事であろう。家内のものは今更のやうに人に顔見らるるも恥かしくて、一間に閉じこもつて浮かぬ顔の額を集めて居るのでした。室内の空気はナマリのやうに重ぐるしくなつて息詰りのするやうに皆んな口をつむんでゐた。

村人が一人寄り二人集つて品物の下見するらしい声が次第に騒がしくなつて行つた、家内の者の胸には悲痛の念が次第に濃くなつて行くのが感じられた、殊に母上は此家へ嫁入る時に持つて来られた簞笥や長持に別れねばならぬ悲しい日である。女の身の一層痛切に感じられたのであらう。心弱くも眼には涙さへ浮べて居られるのを見た、私は小供心にも母上のやるせない胸の内をしみじみ感じる事が出来た。そしてともに小さい胸を痛めて居た。

座敷の方から道具屋の競り上げる声が聞えて来た。

『サーナンボージャ。サーナンボージャ』

人人のどよめく声が手に取るやうに襲つて来る。一ツ一ツの道具が評価されて人手に渡つて行く。

モウ此時には母上は顔を蔽つて居られた。私は其夜淋しい心をいだいて寝た。明る朝起きて見ると内の中はガランとして淋しい暗い気持に成らずには居られなかつた。友達に会えば屹度《きつと》昨日の『サーナンボージャ』の話が出るにきまつて居る。そんな事で恥かしい思ひをするのはまけぬ気の私には、とても堪へられる事ではない。それ以来学校へ行くのはやめてしまつた。そして父や母に付いて畑へ行つたり、内で米を搗いたりして居た。

或日野から帰つて来ると留守にして戸を閉めてあつた私の家の戸に白墨で大きく「金二百円也」と落書きがしてあつた。それを見た私は非常にブジョクされた気がして、何奴がこんな事を書きやがつたのだ、多分常から自分の家の金持を鼻にかけて居るアノ我鬼に違ひない、と私の頭は怒りと口惜しさに涙さへ流れ出して来た。

私はモー自分の生れた村では日の照らぬやうな気持がして来たので、父や母に京都へ奉公にやつて呉れと云つて聞かなかつた。

間もなく村の金持ちの源左衛門さんの娘さんが縁付て居られる、建仁寺町の「中甚」と云ふ鴨川の東では指折りの大きい酒造家へ奉公に行く事になつた。寒い内は母がドォーしても離されなかつた。奉公に行つたら、朝早くから起されて水で雑巾掛けをしたり、樽拾に足袋も穿かずにやられる事を知つて居られたからであらう。

桃や梨子の花も散つて水温む頃、二人乗りの車に源左衛門さんの横へ乗せて貰つて、生れ故郷を離れたのである。

『カフェエ夜話』につづられた駒蔵の随筆は、明治期の寺田村と幼少年期の駒蔵一家のようすを伺い知る手がかりを私に与えてくれた。とくにこの最後の「競売」は、駒蔵が幼くして故郷寺田村を離れた事情を物語る貴重なもので、詳しい理由まで書かれてはいないものの、一家が家財道具を競売にかけるような憂き目に遭い、負けん気の強い駒蔵はいたたまれず、京都の酒造家に奉公に出たことがわかる。

京都建仁寺町の酒造家「中甚」というのは、いまとなっては確認しようがないが、母親が幼い駒蔵を奉公に出すのを不憫に思い、春になるまで手放さなかった切ない心情が伝わってきて、涙を誘う。

駒蔵がこの文章を書いたのは大正十二年のことで、すでに四十一歳。三十年の年月を経てもなお口惜しい気持が蘇ってきたのだろう、耳元に屈辱的な「サーナンボージャ、サーナンボージャ」の声がうなりとなって聞こえてくるような、生々しい筆致である。

駒蔵はふるさと京都から、やがて横浜、東京へと飛び出し、さらに行く先々で果敢に人生を切り拓いていくのだが、数々の困難を乗り越えることができたのは、幼な心にも堪え忍んだこの屈辱の体験があったればこそだと、私は思っている。

義兄奥田鴻一が平成十五（二〇〇三）年に送ってきた駒蔵に関する覚え書きには、駒蔵は「若いときに京都の街に出てきて最初は鴨川の護岸工事などの労働に従事していたようだ」と書かれており、酒造家に奉公した事実には触れられていない。あまりの悔しさに勢い込んで奉公に出たものの、両親に「可愛がられて育てられた」十二歳の身には辛抱できないこともあったに違いない。おそらく短期間でやめてしまったのではないか。故郷に帰ることもままならず、護岸工事などの労働をしていた時期もあったのだろうと思う。

義兄の覚え書きは、さらに次のように続く。

「その後、大市《だいいち》という料亭で見習い調理士となり、ここでスッポン料理を学んだようです。今でも大市は老舗としてスッポン料理を出しているようです」

大市といえば、京都でも指折りの老舗として知られるスッポン料理店である。元禄年間の創業、三百三十年余の伝統を誇っている。

はたして駒蔵が大市で見習いをしていたことがあったのか、明治期のことでも老舗なら従業員の記録も残っているかもしれないと考え、私は一度大市に照会の手紙を出したことがあった。まもなく私の留守中に大市から連絡が入った。電話に出た夫によれば、大市では秘伝の製法を守るため、厨房には外部の者をいれないしきたりがあるとのこと。えらく素っ気ない返事だったという。

ともあれ『カフェエ夜話』の随筆「思ひ出づるままに」は、駒蔵自身が子供のころを物語る貴重な資料であるが、いまのところこの雑誌は、東京駒場にある日本近代文学館に、この二冊（創刊号・五月号）しか収蔵されていない。

おそらく、『カフェエ夜話』四月号にはあと三篇の駒蔵の思い出が収められていたはずである。また、この個人雑誌が引き続き刊行されていたとしたら、さらに続篇が書かれていたものと推測できる。果たしてどんな過去が語られていたのか、是非とも知りたいところだが、古書店、図書館など当たってみたものの、今のところ行方は杳《よう》として知れない。

2　横浜修業時代

西洋料理を学ぶために

駒蔵が、ふるさと京都から横浜に出たのは明治三十四（一九〇一）年のことだと、のちに本人が語った文献が残されている。しかし何がきっかけだったのか、なぜ横浜だったのかなど、詳しいことはわかっていない。明治三十四年だとすれば、駒蔵はすでに十九歳となっていた。「本格的な西洋料理を学びたい」、その一心で横浜にやってきた駒蔵。やがて東京に出て自分の店を開くまでのおよそ十年間、どこで修行をし、どんな生活をしていたのだろうか。義兄鴻一は、奥田の家で言い伝えられていたこととして、覚え書きの中で次のように記している。

それから西洋料理を学びたいということで、横浜に来てベルギー公使館のコックとなり、石材屋の娘だった祖母と結婚したようです。祖母の姉妹の一人がフランス人と結婚して、父の従兄弟になる人にフランス海軍の士官になった男がいたように記憶しています。名字をコットーといったと思います。丁度結婚した頃、仕えていた公使が帰国することとなり、祖父は頼み込んでベルギーまで連れていってもらったとのことです、父を祖母のお腹の中に残して。明治四十年のことです。

父には二つの誕生日がありました。一つは実際に生まれた日、明治四十一年一月十六日だったと思いますが、もう一つは祖父がヨーロッパから帰ってきて出生届を出した日、三月三日です。ですから、祖父のヨーロッパ旅行はどんなに長くとも、往復の日数を入れて一年足らずだったということです。帰ってくると直ぐに、東京に出てきて小網町にメイゾン鴻の巣を開いたようです。

義兄はこのあと、「ジイサンという人はなかなか法螺《ほら》吹きだったようですので、全くの創作かもしれません」とも記しており、ベルギー大使館のこと、フランス人と結婚した祖母の姉妹のこと、渡欧のことなど、果たしてどこまでが事実であるのか、検証する作業が必要だった。

まずは駒蔵の経歴ないしは遍歴に関して、彼と直接親交のあった作家たちが書き残している文を引いてみよう。

先に引用したが、永井荷風は『断腸亭日乗』のなかで、駒蔵のことを「大阪の人にて始め外国軍艦の料理人なりし」と書いている。駒蔵は京都生まれであって大阪ではない。外国軍艦とは、一体どこの国の軍艦なのだろう。外国軍艦が料理人として日本人を雇うことなどあったのだろうか。私は家族の伝聞と併せて、ベルギー大使館に問い合わせてみたこともあったが、梨の礫《つぶて》だった。

　また木下杢太郎は『食後の唄』の序のなかで、「（鴻の巣の）若い主人は江州者《ごうしゅう》ながら、西洋にも渡り、世間が広く、道楽気もある気さくな亭主であつた」と記している。江州は琵琶湖のある近江の国のことだから、事実と少し違っているが、渡欧の話は、駒蔵の口から聞いたのだろうか。

　里見弴は昭和五十五年刊の『私の一日』のなかに、随筆「白酔亭宿帳より」を載せている。そこに駒蔵の思い出話として、小網町に店を出す前に「カランカランと鈴を鳴らしながら、箱車で自家製を売り歩く煮豆屋を振り出しに、新橋ちかい東銀座の、なんとかいうフランス人の洋食屋に住み込んでその道の修行」をしていたと書いている。駒蔵は里見に対し、西洋に渡ったのではなく、東京銀座のフランス人の洋食屋に住み込んで修行したと語っていたことになる。

　彼らは駒蔵がおりに触れて話したことを、後になって記憶を頼りに書いているためか、多少の誤認があるのかもしれない。それにしても、荷風と里見とでは相違がありすぎる。駒蔵が彼らに法螺を吹いていたのだろうか。それとも家族には創作話をしていたのだろうか。


『食行脚』「東京の巻」（大正十四年七月）は、駒蔵の横浜時代を解明する手掛かりとなる文献であるが、著者の奥田優曇華は巻頭言にこう記している。

　村井弦斎のやうな料理博士でもなく、矢田挿雲ほどの、江戸研究もしてゐない。生き馬の目を抜く東京に飛び出してから、彼是拾五年、人に誑《だま》されねば思ひも寄らぬ災難ばかりを受け、曾つて何一つ成功したことのない、事業好きの四拾男が、性来の喰心坊振りを発揮して、漁り歩いた漫録である。

だが、著者の視点は厳しい。彼は、評判ばかりが先行する店、あるいは老舗の看板や暖簾の名だけを振りかざす店屋は容赦なく黙殺する。新しい店でも、「調味万端の行届いた店は、此のお筆先に載せることにした」と書いている。

「漫録として筆を起したので、その店の料理談、苦心談、由来談から史実の裏面史とも言ふべき、風俗世態の一端について、見たこと聞いたことを書き綴つて見た」ものだという。吟味の要諦として「之が結論は、客に対して忠実であるか否かである」と、締めくくっている。

著者の奥田優曇華については、奥付に発行者として合資会社協文館代表奥田謙二郎とあるのみで、これ以上のことは定かではない。協文館は出版社だったのだろうか。文章から相当の教養をもった食通と思われる。『食行脚』には、一店舗二、三ページ程度、六十五店舗の漫録が収録してある。また巻末に「行脚茶話」二十八話があり、店の盛衰や辛口の世評などを伝えている。もちろん写真などなく、筆一本で味を表現する力量は相当のものである。

この著書の「鴻之巣」の項にはこんな記述があった。

明治三十四年以来、横浜「オリエンタル」や、「パリス」などで腕を磨き、三拾九年料理法の研究に、渡仏した山人は、滞欧約一ヶ年で、帰朝匆々、料理通の八釜敷屋《やかましや》で通つてゐる、瑞《すゐ》典《でん》公使の招聘に応じて、同公使館の料理主任を、暫らく勤めてから、バタ臭い西洋カブレは、日本一と言ふ意気込みで、明治四拾三年、鎧橋詰に純仏蘭西式の、「カフェー」を開業し、其後現所に移転をした。

この本が刊行された大正十四年は、駒蔵の亡くなる年と重なっている。駒蔵は『食行脚』の著者に対し、我が身の来し方を振り返り、かなり事実に近いところを述べているのではなかろうか。この資料から、つぎのような駒蔵の横浜時代が浮かび上がってくる。

一、明治三十四（一九〇一）年には横浜のホテルで西洋料理の修行を始めたこと。
二、修行したホテルは「オリエンタル」や「パリス」であること。
三、明治三十九（一九〇六）年フランスに渡り、およそ一年後に帰国したこと。
四、帰国後、スウェーデン公使に見込まれて、公使館の料理主任を務めたこと。

私は早速、横浜のホテル関係とスウェーデン公使館関係の両面で調査を開始した。

横浜外国人居留地のホテル

徳川幕府は安政五（一八五八）年、アメリカ、オランダ、ロシア、イギリス、フランスの五カ国と結んだ通商条約により、横浜、長崎、函館、神戸、新潟の五港を開港、鎖国を解いた。ただし自由貿易を認めたとはいうものの、条約締結国の人々が借地、居住・営業できるのは開港場内の一定地域に限られていた。それを外国人居留地と呼んでいる。

横浜の場合、外国人居留地は現在の山下町と山手町にあたる。居留地制度は明治三十二（一八九九）年の条約改正により廃止されている。

澤護《さわまもる》著『横浜外国人居留地ホテル史』によれば、開港後万延元（一八六〇）年にはすでに、フフナーゲルというオランダ人経営の「横浜ホテル」が営業していたという。貿易通商の拡大にともない、横浜のホテルの数も次第に多くなっていくが、度重なる大火を経て、横浜の居留地は大通りを防火帯として設けるなど、大改造計画が進められて行く。

明治元（一八六八）年の時点で横浜外国人居留地には八軒のホテルが営業していたというが、その後経営者が次々と入れ替わったり、名称変更や合併があったりして、かなり変転が目まぐるしい。明治二十三（一八九〇）年以降、居留地のホテル数は十二〜十三軒でほぼ定着していたようだ。

そのなかで「オリエンタル・ホテル」の変遷を追ってみると次のようになる。

まず、明治五年フランス人ボナが始めたホテルが最初のもので、「ボナ・ホテル」とも呼ばれていたらしい。イギリス人女性探検家イザベラ・バードが日本奥地への探検の旅に出る前、二日間滞在したそうだが、このホテルは同十一年には経営者が代わり、改称している。

その後の「オリエンタル・ホテル」は、明治二十四（一八九一）年フランス人のレオン・ミュラウールにより居留地八十七番Aにオープンした「オリエンタル・ホテル・アンド・レストラン・フランセ」が、単に「オリエンタル・ホテル」と呼ばれていた。間もなく隣地にも増築し、グランド・ホテルに次ぐ規模となったが、明治二十七年ホテルは火事で焼失する。

ミュラウールは、明治三十一年海岸通り十一番に新たに「オリエンタル・ホテル」をオープンさせた。当時の「居留地にあって最も美しい建物」といわれたこの新しいホテルは、「石造り三階建て、外壁を赤煉瓦と漆喰塗りで仕上げ、イタリア・ルネッサンス様式の外観を有するものであった」という。

さらに増改築がなされ、明治三十四年には間口十四間奥行き三十四間の広大なホテルになる。しかし隣家のもらい火で、またもや全焼してしまう。

それでもミュラウールはくじけることなく、同じ場所で明治三十六年十月にドイツ人ゼールの設計で再建し、「オリエンタル・パレス・ホテル」と改称して開業している。このホテルは明治四十二年に再び火災に見舞われるが、厚い煉瓦の壁と防火扉に守られて炎上を免れたという。

澤氏はその後の大正期の「オリエンタル・パレス・ホテル」について、さらに筆を進め、注目すべきことがらを書いている。

再三火難に遭ったレオン・ミュラウールは、その後なおも再建に立ち上がったが、心労のためフランスに帰り、大正三（一九一四）年カンヌで死去したという。ミュラウールが去った後、オリエンタル・パレス・ホテルは甥のジャンが引き継ぎ、その後フランス人のコット（L.Cotte）が経営参加したが、大正十二年九月一日大震災で廃墟と化す（明治三十六年以降のオリエンタル・パレス・ホテルも単にオリエンタル・ホテルと呼ばれることもあったらしい）。

ここに「コット」の名前が初めて登場し、義兄の覚え書きにあった「コットー」というフランス人の名字と重なり、私は驚愕した。このコットについて、澤氏は同じ著書のなかで「明治三十年代に入ってから山下町七十四でオテル・レストラン・ド・パリを、明治四十年代に一七九番のオテル・ド・パリ（Hôtel de Paris）を経営していた」とだけ、簡単に記述している。

『食行脚』にあるように、駒蔵が明治三十四年ごろから横浜のホテル「オリエンタル」や「パリス」で西洋料理の腕を磨き始めたとしたら、海岸通り十一番レオン・ミュラウールの「オリエンタル・ホテル」、あるいはコットの山下町七十四番「オテル・レストラン・ド・パリ」という可能性がある。また明治四十年代には一七九番「オテル・ド・パリ」で働いていたのかもしれない。

駒蔵は横浜で出会った山崎ヨネと明治四十一年二月に婚姻届を出しているが、もし義兄の記憶どおりヨネの姉妹がコットの妻だったとすれば、駒蔵はコット経営の店で働いていたとき、そこに出入りしていたヨネを見初めたのではないだろうか。

外国人墓地4区

この『横浜居留地外国人ホテル史』に登場するホテル経営者コットだが、私は駒蔵の横浜時代を解明するキーマンであると確信し、出版社をとおして著者澤氏に詳細を求めて手紙を書いた。

澤氏から間もなく封書が届いた。澤護氏は、昭和十二年生まれのフランス文学者である一方、横浜在住の縁で開港以来一五〇年におよぶ横浜の歴史を、新聞記事や広告などを丹念に収集研究してきた方で、数冊の横浜関連の著書がある。自宅の書庫には膨大な資料を収蔵していたそうだが、平成二十三年の東日本大震災の影響で書籍類が散乱、未整理のままだという。それにもかかわらず、貴重な資料を探し出し、コピーまで添えて、私の疑問に応えてくださった。丁寧な文面が綴られた手紙に、真に頭の下がる思いだった。

手紙には、コットの墓が横浜外人墓地４区にあると書かれていた。墓碑には三人のコット(E.Cotte 1905, L.Cotte 1923, Fusa Cotte 1940)の名が刻まれているという。

同封されていた資料の一つは、オリエンタル・パレス・ホテルに関する写真のコピー三枚。メニューや大食堂が写されていて、そこにはL.COTTE MANAGING DIRECTORの文字も見える。

もう一つの資料は、生出恵哉《おいづるよしや》著『横浜山手外人墓地』(写真で綴る文化シリーズ　神奈川３)からの抜粋で、「ベトナムに散った混血児の慟哭　E・コット」の題名が付されている文章のコピーだった。

これは第二次世界大戦終結後、フランス領インドシナのユエで、日本人とフランス人の混血の男性が銃殺刑を受けたとの衝撃的な書き出しではじまるドキュメントだった。男性の名はエミール・コット、端正な顔立ちの写真も載っている。そしてエミール・コットの父親は、横浜海岸通り十一番のオリエンタル・ホテルの支配人「E・コット」だとある。

さらに驚いたのは、支配人E・コットは、このホテルに出入りしていた山崎冨五郎の娘フジと親しくなり、明治四十年代に入って結婚。ジャンとエミールの二人の子供をもうけるも、エミールが母国フランスに留学中、関東大震災が起き、横浜のオリエンタル・ホテルは倒壊、逃げ遅れた父親は煉瓦の下敷きになり死亡したというのだ。

兄のジャンは、その後フランス人女性と結婚し、母親のもとを離れたが、太平洋戦争が始まると弟エミールはフランス国籍であるにもかかわらず、日本軍とともに進駐中のインドシナに派遣され、通訳の任務についていたのではないかという。そして敗戦。フランス軍の捕虜となったエミールは、祖国に弓を引いた反逆者とみなされ、銃殺刑に処せられた。エミール処刑の知らせは、敗戦後数年経って彼の叔母のもとに届けられ、親類の者たちが父母の眠る外人墓地4区のコット氏の墓にエミールの写真を埋めたのだという。

E・コットの記事と澤氏の資料を突き合わせた結果、駒蔵の横浜時代を解明する次のような新たな事実が明らかになり、さらなる調査が期待された。

一、駒蔵の戸籍原簿では、ヨネの父は横浜市三春町の山崎冨五郎、母はケイ。二女ヨネは明治二十二年二月二十三日生まれである。ヨネに何人の兄弟姉妹がいたのか、これまでわからなかったが、コット氏と結婚したのは年齢からして、冨五郎の長女、ヨネの姉である可能性が高い。姉の名は墓碑に刻まれたフサ（Fusa Cotte）だろう。一九四〇年に死亡している。

二、生出氏はエミールの従弟である「山崎国男」に聞き取りをして、この記事を書いている。果たして山崎国男とはどんな人物なのか。まだ生存しているのだろうか。義兄の覚え書きのなかに、この人物の名前は登場しない。ヨネの兄弟姉妹とその縁者のことを調べれば、コットのことも判明するかもしれない。

三、エミールの父親は「E・コット」ではなく、澤氏からもたらされた資料にあるオリエンタル・パレス・ホテルの支配人「L.COTTE」であるにちがいない。

妻ヨネの家族を追って

私は平成二十年に、駒蔵の妻ヨネの親族調査を試みたことがある。そのときはヨネの父山崎富五郎の名前で横浜市に戸籍簿謄本を請求したが、関東大震災による火災のため戸籍簿焼失との告知書が南区戸籍課から届き、これ以上の詮索は無理とほとんど諦めていたのだ。私の手元に、ヨネの親族の消息を知るかすかな手掛かりとして、義兄から預かった駒蔵葬儀のときの写真があったことを思い出した。その一枚には、祭壇の傍らに「山崎初五郎」の名前のついた花輪が写っている。山崎姓ならヨネの親族だろう。そこで今度は山崎初五郎の名前で戸籍簿を請求してみると、そこには、関東大震災で滅失した戸籍を大正十三年に再編成したことが記載されていた。これによりヨネの家族のことがだいぶわかってきた。

ヨネの兄山崎初五郎は明治十三年に横浜市三春町で父山崎富五郎と母ケイの長男として生まれて

いる。この戸籍簿には初五郎に二人の妹の名があり、コウ（四女）と生と（いと　五女）となっていた。〔巻末家系図参照〕

つまり山崎冨五郎・ケイ夫婦には一男五女の子供がいた。すでに除籍となっている三人の娘のうち、二女が駒蔵と結婚したヨネである。フランス人L・コットと結婚したのはヨネの姉か妹か不明だが、おそらく長女ではないか。名前はフサ（あるいはフジ）、明治十七年前後の生まれだろうか。そしてハイカラだった父冨五郎が、自慢の娘たちを引き連れて横浜の海岸通りを散策したり、ホテルに出入りしたりしているとき、コット氏や駒蔵と出会っているのだろう。

四女コウは、明治二十九年生まれ。大正六年、冨五郎は彼女に婿養子石原廉平を迎えている。この二人の間に生まれたのが、エミールの甥として「ベトナムに散った混血児の慟哭　E・コット」に登場する山崎國（国）男だった。國男は大正六年生まれとあるので、従兄のエミール銃殺の報が届いたときはまだ三十歳前後。おそらくエミールの叔母にあたる母コウから悲報を聞かされたのだろう。また昭和五十八年に毎日新聞横浜支局の新聞記者だった生出氏が國男に取材をしたときは六十六歳だったことになる。

山崎廉平・コウ夫婦には、大正十五年次男英男が生まれている。その後昭和三年に横浜の山崎家から分家し、東京都荏《え》原《ばら》郡北蒲田に戸籍を移している。國男の出生地は横浜だが、英男の方は北蒲田となっている。

山崎國男が、エミール・コットの従弟であるとともに、駒蔵にとっても甥であることまではわかったが、個人情報保護法の壁により、東京都大田区蒲田にある彼の戸籍簿をこじ開けることはできなかった。國男またはその弟英男の子孫、あるいはヨネの兄初五郎の長女タマ、二男長二の子孫が現存していれば、なにか手掛かりがつかめそうな気がしている。

『横浜山手外人墓地』の著者生出恵哉氏にも山崎國男の所在を文書で問い合わせしてみたが、当時の資料はすでに廃棄処分して不明とのことだった。

私は平成二十四（二〇一二）年三月、横浜外人墓地4区のコット家の墓を訪れた。その日は柔らかな春の日射しのなか、ボランティアの方々が墓地の清掃活動をしていた。

コット家の墓（横浜外国人墓地4区）

管理人の方に案内されたコット家の墓は、『横浜山手外人墓地』に掲載されていた写真で見るよりはるかに小さく、ギリシャ神殿を象った墓碑が、辛うじて転ばずに建っている。墓碑には三名の名前と死亡年が刻まれているはずだが、すでに凹凸がないほど風化していた。ここ数十年、墓を訪れる人もなかったという。

謎のフランス人シェフL・コットの足跡

L・コットについて、さらに調査を続けた。横浜開港資料館の資料室にあるジャパン・ディレクトリ（在日外国人名簿）には、明治二十二（一八八九）年以降の日本に住む外国人の名簿が地域ごと、年代ごとに表示されている。

何度か出向いて調査した結果、L・コットに関して、次のようなことがわかった。

のちにフサと結婚するL・コットは、名前をラディスラス・コット（Ladislas Cotte）という。明治三十二（一八九九）年の人名録には、「Cotte L.L. 1st Chef de Cuisine Club Hotel Ltd 5」と記されている。前年にはこの記載がないので、コット氏はこの年から居留地五番にあったクラブ・ホテルの料理長として働きだしたのだろう。

以後人名録などから大正十二年までのL・コットの動向について、明記されていることがらを整理すると、およそつぎのようになる。

1899（M32）～1900（M33）　クラブ・ホテル（五番）の料理主任
1903（M36）　オテル・レストラン・ド・パリ（山下町七十四番）所有者

地図1　人名録などの資料に残るL.コットの足跡
（横浜市中央図書館蔵 明治43年『改正横浜新地図』に記載）

１９０５（Ｍ38）〜１９０７（Ｍ40）
オテル・ド・パリ（一七九番）所有者
１９０８（Ｍ41）〜１９１０（Ｍ43）
オテル・ド・パリ（八十番）所有者
１９１９（Ｔ８）〜１９２３（Ｔ12）
オリエンタル・パレス・ホテル（十一番）
経営者

このなかで、明治の末期から大正にかけての空白期間については、別の文献が見つかり、L・コットの足跡を明らかにすることができた。

まず、日本のホテル料理界の重鎮荒田勇作は、昭和五十一年の『専門料理』五月号のなかでつぎのように回想している。荒川が、はじめてフランス料理を習ったのは、明治四十二年「横浜のパリス・ホテルのフランス人ラデセラース・コット」だった。荒川によれば「この人は、経営者でありながらコックもやっていた人で、私の一番の師匠」だという。その後コットは第一次大戦開始（一九一四年）前まで、銀座の千疋屋の前でレストラン・フランセを経営していたが、欧州で大戦が始まると本国政府に召還されたため、店を売り払って帰国したという。

もう一つ、大正九年三月二十七日の東京朝日新聞に、横浜山下町のオリエンタルホテルの支配人コットが登場している。コットは大正三、四年ごろにフランスに帰還、従軍し、ヴェルダンの激しい戦いを生き延び、帰国したとある。つまり大戦終結後の大正八（一九一九）年日本に戻り、オリエンタル・ホテルの経営にあたったということのようだ。

また銀座千疋屋前のコットの店については、永井荷風が「洋食論」のなかで次のように書いていることと符合する。「一昨年欧州戦争始まる頃まで銀座竹川町にコットといふ店ありき。この店東京中第一の料理と評判せらりしが今は無し」。この店、正確には銀座南金六町の「ルコット」という名だったようだ。

なお、オリエンタル・パレス・ホテル時代の、料理人としてのコットの評判は高く、谷崎潤一郎が「何と云つても洋食では、横浜のオリエンタル・ホテルが一等だつた」と、震災後「洋食の話」に書いている。

以上のことから、L・コットは、おそらく明治三十年代の後半、オテル・ド・パリを経営しているとき山崎フサと出会い、結婚したのではないか。二人の間に、まもなく長男ジャン、そして次男エミールが生まれる。東京銀座に「ルコット」を開店させたが、欧州大戦が始まると、店を売り、従軍したのだろう。

長男ジャンに関しては、横浜開港資料館の人名録のなかに、「J.Cotte」の名前を発見した。大正十一（一九二二）年の東京人名録のアルファベットリストに登録されており、Cotte J.B. は Sale & Frazar Ltd の社員だった。住居が横浜のオリエンタル・パレス・ホテルとなっているので、これは間違いなく、ジャンのことだろう。彼はおそらくまだ二十歳前後だったにちがいない。フサは夫が亡くなったあと、フランス本国から送られてくる年金で生計を立てていたようだ。長男ジャンはその後、フランス人女性と結婚、母親の元を離れている。

八釜敷屋のスウェーデン公使とは誰か

一方、『食行脚』に書かれている「八釜敷屋《やかましや》」の「瑞典公使《すゑいでん》」とは一体誰なのか。私はスウェーデン大使館に照会の手紙を出した。個人的な依頼にもかかわらず、大使館広報部から一冊の英文の本が送られてきた。

書名は『東京のスウェーデン大使館』（The Swedish Embassy in Tokyo）、平成三（一九九一）年港区六本木に同大使館を新築した記念として、平成五年に The National Board of Public Building が刊行したものである。日本でのスウェーデン大使館の過去の歴史を振り返るとともに、新大使館建設の過程を記録し、北欧の国らしい機能的な施設設備を誇らしげに紹介している。

この本の中で私が注目したのは、前段の明治から大正にかけてのスウェーデン大使館の変遷に関する部分だった。

スウェーデンは、日本が開国した当初はノルウェーとの同君連合のもとオランダの公使館が両国の外交の代理を務めていた。二十世紀に入り連合が解消されると、通商外交の転換を迫られ、とくに東アジア外交を重視したスウェーデン国政府は、明治三十九（一九〇六）年自国の公使を日本に初めて派遣する。これがグスタフ・オスカー・ヴァレンベリ（Gustaf Oscar Wallenberg）で、大正九（一九二〇）年まで公使を務めていた人物である。

彼が着任後の明治四十（一九〇七）年二月に、本国の外務大臣に書き送った手紙には、当時のスウェーデン公使館は東京の帝国ホテルの一室に置かれていたが、暖房設備が不備のため寒さに耐えられず、より近代的な横浜のオリエンタル・パレス・ホテルに落ち着いたところだ、とある。

幕末の動乱期、横浜に一時避難していた外国公館は、明治元年に首都東京に築地居留地が開設されると、道路や下水、街灯などヨーロッパ並みの街区が整備され、イギリス、オランダ、アメリカ、オーストリア＝ハンガリーなどの各国の領事館や大使館が次第に築地に移転するようになる。ところが適当な物件が確保できず、乗り遅れてしまった国々もあったらしい。

当時スウェーデン公使館が間借りしていた帝国ホテルは、明治二十三年に建造された初代のもので、残っている写真を見る限りでは威風堂々たる洋館建築ではあったものの、北国からの遠来の客人にしてみれば、お粗末きわまりない暖房設備だったのだろう。この時期、日本に来た外国人にとって、早くから開港した横浜のホテルの方が、はるかに住み心地がよかったものと思われる。

明治四十年七月、スウェーデン公使館は築地明石町（旧居留地）二十四番に適する建物が見つかり、公的な事務機能を移転する。しかしG・O・ヴァレンベリ公使はこの建物が来客などの接待には不充分と考え、庭に自費で客間と食堂を建設させている。ただし公使自身は、なおも三年間横浜山手居留地に家具付きの家を借りて住んでいたと、『東京のスウェーデン大使館』には書かれている。

駒蔵を招聘した「八釜敷屋の瑞典公使」とは、時期的にもこのヴァレンベリ氏ではないだろうか。もし駒蔵が料理主任として勤めたとすれば、横浜ではなく、東京築地明石町のスウェーデン公使館という可能性もある。

私はさらにスウェーデン大使館に、雇用の記録などないか問い合わせたが、現地雇いの職員の記録は十年保存のため不明との返事だった。

G・O・ヴァレンベリのこと

横浜開港資料館のジャパン・ディレクトリは、もう一人のキーパーソン、スウェーデン公使ヴァレンベリの情報についても教えてくれた。

明治四十一（一九〇八）年のトウキョウ・ディレクトリには、スウェーデン公使館の住所および代表者の名前が挙げられていた。住所は築地二十四、G・O・ヴァレンベリは、特命全権公使、全権使節、総領事であると記載されている。同じ年のジャパン・ディレクトリの「Wallenberg,

G.O.」の欄には、スウェーデン公使、東京帝国ホテルと横浜の山手十番に居住とある。

次に同じ年のアルファベットリストの「Wallenberg, G.O.」の欄を見ると、住所が山手九番、さらにそのあと同じ住所で、Wallenberg, Mrs. Annis と Wallenberg, Miss Karin の二名が連なって掲載されている。翌明治四十二（一九〇九）年の名簿には、この山手九番には、大使と妻アニスの名前だけしかないが、『東京のスウェーデン大使館』に書かれているとおり、このころのヴァレンベリ公使は、勤務は東京築地の公使館であっても、住まいは横浜山手九番に落着き、最初は妻のほか娘（?）も一緒に住んでいたのだろう。

私はG・O・ヴァレンベリがどんな人物であるのか、是非とも知りたくなった。

前述の『東京のスウェーデン大使館』には、G・O・ヴァレンベリが本国の外務大臣に書き送った報告書の引用が多々ある。すでに百年以上経過していることから、機密は解除され、外交文書として一般に公開されているかもしれない。スウェーデンと日本の外交に詳しい専門家はいないだろうか。このスウェーデン公使と駒蔵との関わりを裏付ける手掛かりを得たい一心で、私は思い切って、東京六本木にあるスウェーデン大使宛てに、もう一度手紙を書き送り、協力を求めた。

その後届いた大使秘書の手紙には、G・O・ヴァレンベリの業績についての報告書が入っていたが、奥田駒蔵がスウェーデン大使館に雇用されていた記録は、残念ながらないと書かれていた。

スウェーデン大使秘書から送られてきた報告書は、バート・エズトロム（Bert Edström）とイングヴァール・スヴァンベリ（Ingvar Svanberg）が二〇〇一年に出版したもので、スウェーデン語で書かれている。バート・エズトロムは日本の外交防衛政策と国内政治の専門家で、この報告書でG・

O・ヴァレンベリの業績について執筆している。

スウェーデン人と結婚している私の姪による翻訳によれば、要約はつぎのとおり。

一九〇五年、日露戦争で日本が勝利すると、世界の注目が一気に日本に集まる。日本は政治的、経済的に東アジアの主要な拠点とみなされ、その年に東京に東アジアの最初のスウェーデン公使館が設置されることが決まった。

一九〇六年秋、ヴァレンベリ公使が東京に着任。ヴァレンベリはそれまで軍人、銀行員、船主などさまざまな職業を経験し、鉄道の創設に関わったり一九〇〇年からは貿易、産業に重点をおく政治家として経済界、政界にて活躍していた。当時としてはまったく新しいタイプの外交官といえ、数少ない非貴族出身者で、脱官僚主義を大きくかかげていた。エネルギッシュで独創性に富み、人の関心を引きつける能力は天才的だったらしい。

ヴァレンベリはアジアへの知識はあまりなかったが、通商の拡大が主な外交目的であるスウェーデン政府としては妥当な人事であった。在任中の課題として、通商における友好関係の構築、貿易量の拡大と、東アジアにおいて国家スウェーデンの存在感を高めることをかかげた。

ヴァレンベリ公使の在任中十二年間の最大の業績は、日本政府に働きかけ、世界的に有名な探検家スヴェン・ヘディン（Sven Hedin）を日本に招致し、スウェーデンという国を日本に大きくアピールしたことだろう。その結果、学問の世界でも日本とスウェーデンの交流が図られた。（中略）

経済面については、通商拡大を目指して本国に活発に働きかけた。日本の文化をいち早く評価し、異国の文化慣習を受け入れ順応する努力が通商するうえで必要であること、そのためには従来の慣習にとらわれた外交手段では立ちいかず、関係機関の抜本的な改革が必要だと訴え続けた。しかしそれに対するスウェーデン政府の反応はいつも鈍く、ヴァレンベリの不満は高まり続けた。彼が数多く書いた文書・書簡は政府、外務省への批判で満ちている。彼は次第に本国政府や公使館の同僚のあいだで孤立するようになる。血筋や家名が重要視された当時の官僚たちのあいだで彼の存在は異色であり、彼のずば抜けた行動力や能力の高さは周りから煙たがれる存在となっていった。そして言葉を選ばず歯に衣を着せないヴァレンベリの率直さは、次第に多くの批判や問題を招き、多くの敵をつくる結果となった。一九一八年、公使は本国に呼び戻される。

外交官としてのヴァレンベリは、時代のパイオニアだったといえる。彼は自らの直感と信念によってやるべきことを見きわめ、官僚主義や非効率的な手段を否定し、批判を恐れずに仕事をやりとおす能力を発揮したが、当時の社会ではまだ充分に受け入れられなかったといえる。

彼はスウェーデン史上、最も多くの手紙、書簡を書いた公使として知られる。

ヴァレンベリは一九二〇年、トルコ公使に任命された。

結局駒蔵が、スウェーデン公使館の料理主任を務めたという確かな証拠はつかめなかったが、この報告書に書かれている公使としての毀誉褒貶は、少なくともG・O・ヴァレンベリが、『食行脚』に書かれている「八釜敷屋の瑞典公使」であったことを証明しているように思う。

横浜での足跡

ここまでが時間をかけて調査を重ねた記録であるが、残念ながら、横浜修業時代の駒蔵の足跡は明確に追究することはできなかった。まして駒蔵の渡欧の実態は雲をつかむような話で、糸口は見いだせないままだ。外務省の外交資料館でパスポートの発給記録を調べてみたが、必死にマイクロフィルムを繰ってみても、駒蔵の名前は見つからなかった。残る可能性として、外国船に潜り込んで厨房で働きながら往復したのではないかとも考えられるが、証拠はいまのところない。

ヨーロッパにはマルセイユから、あるいはアントワープから入ったのかもしれない。パリのカフェで、客たちがコーヒー一杯で優雅な時間を過ごしているようすをつぶさに観察したにちがいない。駒蔵はフランスだけでなく、おそらく言葉の通じるベルギーにも足を運んだのだろう。もしかしたら、ベルギーではcigogne（コウノトリ）という名のレストランで働かせてもらったこともあったのかもしれない。遠くにおいてきたふるさとの鴻ノ巣山を思い出し、蚤の市で裁縫箱を土産に買ったのだろう。

日本を出てからおよそ九カ月後の明治四十一年二月、駒蔵は横浜に戻ってきた。ヨネはすでに前月に男児を出産していたが、まだ届を出していなかった。まず、順序としてヨネとの婚姻届を役場に出し、つぎに三月三日の桃の節句を吉日として息子一夫の出生届を出している。

コットはすでにフサと結ばれ、二人のあいだにも男の子が生まれていた。名前はジャン。さらに第二子の誕生もまぢかで何かと忙しない。コットの経営するホテル・レストランは、ここ数年のあいだに着実に規模を拡大させていた。

そのころ横浜にはやかまし屋で知られた外交官がいた。スウェーデン国全権特命公使ヴァレンベリである。明治三十九年の着任後、何かと便利で居心地のよい横浜のオリエンタル・パレス・ホテルを住まいとしていた。ヴァレンベリは住居や食べ物にことのほかうるさいことで評判だった。翌年ヨーロッパ帰りの料理人がいるとの情報をつかんだ公使は、築地に移転した公使館の庭に自費で客間と食堂を建設させ、そこにこの男を雇うことにしたのかもしれない。

あるいは、駒蔵自身が義兄コットのもとで働きながら、東京の耳寄りな情報をつかんだ可能性もある。

ともあれ駒蔵は、短期間ではあるが渡欧の経歴をもつ料理人として、東京に進出する足がかりを得て、自分の店を開く構想をねり、着々と準備を重ねていったのだろう。駒蔵にとって機は熟していた。

第三章　「メイゾン鴻乃巣」誕生と変遷

1　日本橋小網町「メイゾン鴻乃巣」誕生

東京の真中で自分の店をもちたい。

駒蔵の途方もない夢をかなえるときがきた。

奥田駒蔵が目をつけたのは、日本橋小網町の鎧河岸《よろいがし》にある家だった。二階建ての日本家屋だが、川に面した裏側の景色がことのほか気に入った。思い切って正面に手を入れ、看板や飾り棚を設え、一階部分はバーに改造する。

ときは明治四十三（一九一〇）年の夏、日本橋は小網町鎧橋のたもとに、小さいながらもひときわ目を惹く、レストラン＆バー「メイゾン鴻乃巣」の誕生である。駒蔵は二十八歳の男盛り、妻ヨネはまだ二十一歳、幼い息子一夫を抱えながらの出発であった。

「メイゾン鴻乃巣」の店構え

メイゾン鴻乃巣がどんな店構えだったのか、開店したころの絵や写真は見つからないが、翌年の四十四年に発行された雑誌『文章世界』九月号に、筆名春えい（水野葉舟）の「夏の夜のメイゾン・コオノス」と題する一文があり、そこに不鮮明ながらこの店の正面と内部の写真が掲載されている。

この「夏の夜のメイゾン・コオノス」を参考にしながら、店の写真を仔細に眺めてみよう。店は二階建てである。正面一階が入口、二階部分は全面表看板になっている。看板の最上部に「西洋料理　鴻乃巣」の文字が大書されていて、その下に、「KONOSU FIRST CLASS BAR」と、二行にわたりアルファベットの文字が読み取れる。当時の東京朝日新聞の記事によれば、店の間口は三間とあり、上記の横文字KONOSUの前に、MAISONの文字が入っていたようだ。さらに看板の中央には、まるで富士山のような形をした山が描かれているのがわかる。

一階入口の両側は飾り窓になっている。窓のなかには、洋酒の玻璃の小壜が、赤、青、黄に輝いて、往来を行く人々の目を寄せつけていたという。やや意外なのは、中央の入口に「西洋御料理」と染め抜かれた麻の暖簾が下がっていること。筆者の春えいは「此の辺の商家にかぶれたやうな」暖簾と、からかって書いている。

メイゾン鴻乃巣の正面
（明治44年『文章世界』9月号掲載）

さてもう一枚の写真は、店一階の内部である。麻の暖簾をくぐると、すぐそこが三、四脚の食卓の置かれた小さなホールとなっている。「夏の夜のメイゾン・コオノス」には、このホールの内装のようすが綴られている。

天井近いところだけ、紫と白との房の垂れた藤の花模様の浮んだ樺色の壁紙が、落着いた、しつとりした感じを与へる。青い窓枠と、二三の西洋絵の写真板の額、全体の調子が酒場としては地味なくらゐ。

食卓の上は、スバル、白樺、文章世界、三田文学などの文芸雑誌が散らばっている。ホールの向こうはカウンター。奥の棚にはペパーミント、ベルモット、ウォッカ、アブサンなどの酒瓶の並んだ棚が大鏡を挟んで配置されている。半円形のカウンターの右隅には、小型の扇風機が「啜り泣くやうなシュー〳〵といふ声」を立てて回り、左には「市内の洋食店で決して見掛けない真鍮製の丸い釜のやうなものが光つてゐる」。これが露西亜《ロシア》から取り寄せたサモワールだった。一階には三畳の和室もあったらしい。

二階は和室で三室あった。日本橋川の川面を臨む二階の和室からの眺めは、宵闇がせまる時刻になると一層異彩を放ち、店主の自慢とするところだった。

筆者の水野葉舟（春えい）は、若い女性の心理を印象的、感覚的に描くことを得意としていた小説家だった。「夏の夜のメイゾン・コオノス」の次の部分は、彼の筆がとくに冴えわたり、鴻乃巣の魅力を臨場感たっぷりに伝えている。

　二階の滑らかな畳の冷たい日本室にも、二列の長い食卓がならんでゐた。その細い縁側に夏座布団をしいて、欄干に凭れると、驚くべき夜の川添ひの光景が眼下にひらかれる。日本橋の下を流れる川水が、この鎧橋の下を流れた。月のない宵闇の夏の夜はことに趣が深い。蒼黒い神秘的な闇の空に、電車の馳せる鎧橋から兜町の方の往来へかけては、巷の灯が燦然として一種の湿つた光りを放つてゐる。眼前の対岸の角には、株式の山栗商店の、四層楼の洋風の窓から電燈が明るく射してゐる。それに続いた低い家々の夏座敷からも、灯の洩れぬ所はない。それらの蒼白い、または真紅な、または黄味かゝつた灯影は、こと〴〵く下の黒い川水に映つて静かに揺れてゐる。昼間見たらば必ず濁り澱んでゐるに違ひないこの川水が、今鈍い曇銀のやうな薄光りをはなちながら闇の底に沈んで、金泥のやうな灯影をくだいてゐるところは、何といふ美しさ、何といふ静けさだらう。橋上と街頭とのすべての雑遝《ざっとう》、すべての音響が、こゝまで漂つて来ると、遽《にわ》かに冷たい川水に溶け込んで寂然と鎮まり返つたやうに見える。幾台もの俥の提灯の駈け通る上流の江戸橋は、月夜でなくては姿が見えない。その辺の川の折曲りのところが、川をひろびろと見させるやうな幻覚を起させた。

　首都東京の中心部とはいえ、日本橋、江戸橋から少し離れただけで、夜は今と比べものにならないほど暗く静かだったのだろう。川面に映る白、赤、黄の灯影のゆらめきと、川縁を擦るかすかな水音が聞こえてくる。まだ遠くに河岸の列蔵が残るこの一帯は、文明開化の街づくりが急速に進む明治末期においても、懐かしい江戸情調が漂っていた。

日本橋小網町というところ

いうまでもなく日本橋は江戸の中心だった。明治維新の後、江戸詰めだった武士たちは都を捨て、それぞれの国元に帰っていった。江戸末期百万人を誇っていた人口も、明治初めの東京は六十万人程度にまで減少したという。

明治五（一八七二）年、この東京に大火災が発生、銀座から築地まで焼き尽くした。東京を文明開化の街に大改造しようとする「銀座煉瓦街計画」が始まり、これを機に、その後商業の中心は日本橋から次第に銀座方面に移っていくのだが、日本橋界隈には三井、三菱など新興企業家の拠りどころとなる銀行、為替、保険などの会社が次々と出現し、もう一つの金融経済の核をなしていた。明治十一（一八七八）年には株式取引所が兜町《かぶとちょう》に置かれ、「新しい経済の心臓部」（藤森照信『明治の東京計画』）として機能するようになる。

「メイゾン鴻乃巣」の創業地、日本橋区小網町二丁目は、この株式取引所から鎧橋を渡った川向こうの、日本橋川の河岸にあたる。地番は鎧河岸三十八番。東京都公文書館に保管されている河岸地台帳を照合すると、鎧橋脇から四番目の位置で、現在地では中央区日本橋小網町九‐九となる。

地図2　メイゾン鴻乃巣創業地（日本橋小網町2丁目鎧河岸38）明治43年夏

〔巻末地図①参照〕

鎧橋は明治五年、それまでの渡し舟にかわって、三井・小野・島田の豪商三家が自費で架設した橋である。現在も橋のたもとに「鎧の渡し」の案内板があり、平安時代にまで遡るというその名の由来が書かれ、往事を偲ばせる。江戸築城のころの小網町は、江戸湊の内港の真ただ中にあたり、荷を積んだ舟が行き交う賑わいをみせていたようだ。明治の初めごろでも小網河岸の背後は、かつての大名屋敷が建ち並ぶ静かな屋敷町だったそうだが、やがて明治九（一八七六）年蠣殻町《かきがらちょう》に米穀取引所ができ、小網町周辺も急速に商業地化していく。鎧橋は、明治二十一年には木橋から鉄橋に架け替えられ、さらに明治三十七年築地線の電気鉄道が敷設されると、一挙に「人形町通り―小網町―兜町―八丁堀―京橋―築地という東西南北の商業圏の結合が可能になった」（白石孝『日本橋町並み繁昌史』）という。

こうして交通至便となった小網町は、明治三十年代には銀行の支店や保険会社の出張所が進出し、「メイゾン鴻乃巣」が開業する二年前の明治四十一年には、日清製粉株式会社の本社が小網町二丁目の角地に移転してきていた。とはいうものの、先の白石氏によると、明治末期の小網町一帯の町並は、基本は塩、砂糖、醬油、油四種の問屋街であり、河岸特有の回漕運送業、旅人宿などもあり、江戸の面影がまだ残っていたという。

逆にいえば、維新以来、文明開化の街東京の変容振りは凄まじいものだった。明治も四十年を経過すると、明治中期以降に生まれた知識階級の若者たちにとって、一方で西欧文化にかぶれつつも、失われた江戸の面影は追憶の対象であり、むしろ憧憬の対象に変貌していたといってもいい。つまり鎧河岸のたもとの西洋料理店「メイゾン鴻乃巣」は、対極的なエキゾチズムと江戸情調の双方とも満足させる店だったのだ。

世界のあらゆる酒を揃えて

明治四十四（一九〇一）年九月二十日付けの東京朝日新聞に、この店を取材した松崎天民（筆名「大食漢」）が、次のような文で始まるルポを書いている。

バーとホール（五）　謎蔵子迂呑巣《メイゾンコウノス》の記

築地両国行きに乗つて、茅場町でも乗り換へず、鎧橋を渡つた向ふ河岸を、ヒラリと左へ飛び降りて、肥後銀行横町を左へ行つた数歩の左側に、三間間口だけれど西洋造りの、鴻の巣と云ふ店がある。

入口には西洋御料理とした暖簾が掛つて居るし、表看板には横文字で、メイゾンコオノスとしてあるなど、見た所バーでも無いし、またホールとも云へないが、他所では食れぬ通の仏蘭西料理を出すのと、世界の有らゆる酒を揃へて、コクテルでもポンチでも、お好み通りの物を出すと云ふので、昼は米屋町の御連中やら兜町で賑ふが、夜は文学者や画家が集まつて、万丈の気焔を上げると云ふ。

探訪記者松崎天民は明治四十二年に東京朝日新聞の記者となった人で、同四十四年の八月から九月にかけて東京の「カフェー」探訪シリーズ、引き続き九月に「バーとホール」シリーズを執筆連載している。天民がカフェーとして取り上げたのは、〝銀座街頭の獅子吼〟カフェーライオンや、〝描出す貨幣不足党〟カフェープランタンであって、「メイゾン鴻乃巣」については「カフェー」ではなく、「バーとホール」シリーズの最後の回で書いている。ちなみに「バーとホール」で取りあげているのは、〝塵埃臭い亀屋バー〟〝銀座裏に正宗加六〟〝刺激の強い西村バー〟などで、今でいう一杯飲み屋に類する店が多く、洋酒バーは鴻乃巣以外見当たらない。天民によれば「メイゾン鴻乃巣」は、見たところバーでもないし、ホールともいえない、としていながら、「世界のあらゆる酒を揃えて」いる特長をとらえて、バーの範疇に入れているのだろう。
謎蔵子《メイゾン》迂呑巣《コウノス》に乗り込んだ松崎天民の筆は、さらに続く。

　されば午前十一時頃から、午後一時頃までは、相場の高下に苦心する態度《ものごし》動作に余裕の無い、飲んだ酒の甘い辛いも、食つた馳走の味い拙いも、頓と問題にならぬ気の男が七八人、入交り立交り遣つて来て、四辺《あたり》をキョト〳〵眺めながら、心忙し気に食事する。中には通り掛りの近県人なども、普通の料理店と心得て、ビフテキ一皿を食ひに入るが、抑《そもそも》此のビフテキたるや、主人が大の自慢ださうで、有楽軒だつてホテルだつて、こんな美味いビフテキは食へませんと、来る人毎に吹聴するとか。然《しか》も一攫千金の夢を見ながら、この辺を徘徊する人々は、静にこれを賞味するだけの余裕が無い。

　金を儲けんとする人々に依つて、昼の間《うち》は物騒がしく、ナイフとフォークの響きを聞くが、初秋《はつあき》の日暮れて、鎧橋河岸の倉庫《くらぐら》に、黄昏の色漂ふ頃になると、階下《した》の三畳と階上《うへ》の日本室三室は、文芸問題を是非する人や、人生が何うで、運命が此うなど云ふ、若い人達の若い声が、陽気に静かに聞えだす。雑誌「白樺」の同人では、伯爵嗣子《はくしやくしし》正親町《おおぎまち》公和《きんかず》、武者小路実篤を初めとして、里見淳〔ママ〕、萱野二十一、志賀直哉の面々あり。また「スバル」の社中では、高村光太郎、木下杢太郎、平出露花、吉井勇の連中あり。此の外「三田文学」の永井荷風、生田葵山も足繁く、自由劇場の小山内薫、市川猿之助なども来る。時にはまた文学博士上田敏先生を見ることあれば、早稲田の奥から御苦労な、島村抱月先生なども見える。コオノスの秋の夜が、如何に若い芸術家達に依つて賑ふかは、此の顔触れを見ても判らう。

昼は前掛け姿の株屋の客で賑わい、夜は若い文学者や芸術家の会合の場所になる。先に引用した「夏の夜のメイゾン・コオノス」でも、筆者春えいは開店当時からの客の出入りをこんな風に書いている。

去年の夏初めて開店の頃には、今帝国新聞にゐる結城桂陵氏の紹介で、文士劇の連中がよくやつて来た。杉贋阿彌《すぎがんあみ》、田村西男などの諸氏がこの二階で、旧劇の型や芸風を話題にした時から、河内屋与兵衛をかいた吉井君や、自由劇場の小山内君等が同じ室で、爛《ただ》れたデカダンの酒の息をふく今日までは、たつた一年しか経つてゐない。平出修、木下杢太郎、長田秀雄兄弟、吉井、小山内等、「パン」の会の連中が一番多くこゝへたずねた。永井荷風、三木露風等の三田文学の人々もよく来た。正親町、志賀、等の白樺の諸君も時に見える。元の新思潮の連中も行つた。

天民の記事と同様「メイゾン鴻乃巣」が、開店間もなくから当時の少壮文士たちや画家、俳優など芸術家たちで賑わう店だったことがわかる。

杢太郎とパンの会

「メイゾン鴻乃巣」が開店した明治四十三（一九一〇）年は、木下杢太郎によれば「我々の最も得意の時代」だったという。文壇では数年前から、新しい文芸の思潮が押し寄せていた。

与謝野寛主宰の新詩社を脱退した北原白秋・木下杢太郎・吉井勇らが、明治四十二年一月雑誌『スバル』を創刊したのに続き、明治四十三年四月には志賀直哉・武者小路実篤・里見弴ら学習院系の面々が文芸雑誌『白樺』を創刊する。また、画家石井柏亭《はくてい》らが集う美術文芸雑誌『方寸』（一九〇七）や、慶應義塾の教授に迎えられた永井荷風が主幹となった『三田文学』（一九一〇）が相次いで創刊されるなど、文学や絵画を愛好する若者が、詩や小説、戯曲をこれらの文芸誌に盛んに発表していた時期である。

一方、イギリス留学から帰国後、東京帝大で英語を教えながら書いた小説が評判をとっていた夏目漱石は、教職を辞し、明治四十（一九〇七）年朝日新聞社に入社して文筆活動に専念する。「虞美人草」「三四郎」「それから」「門」などの代表作をつぎつぎと発表していく。また明治四十年陸軍医局長に就任した森鷗外は、職務のかたわら旺盛な執筆活動を展開し、『スバル』や『三田文学』などの文芸雑誌に作品を発表している。二人は、若き文士たちのいわば兄貴格にあたり、よき相談相手、導き手だった。鷗外は誰かに連れられて「メイゾン鴻乃巣」を訪れたこともあったようだが、漱石の出入りした形跡は見当たらない。

この時期、『方寸』『スバル』『白樺』などに集う若き文士たちや画家たちの交流を図り、新しい芸術を生み出そうとしたのが、「パンの会」だった。パンの会の第一回は明治四十一年十二月両国橋のたもと西洋料理屋「第一やまと」で開かれている。参加したのは、木下杢太郎、北原白秋、吉井勇、石川啄木、石井柏亭、森田恒友、山本鼎の七人だったという。例会は毎月第二土曜日の夜と決めたが、最盛期の明治四十三年には、毎週のように開かれていたらしい。

会場には河畔の西洋料理屋が好んで使われた。隅田川に架かる永代橋畔の「永代亭」、対岸の鳥料理屋「都川」、日本橋「三州屋」、浅草「よか楼」などが好まれたようだ。木村荘八が描いたスケッチを見ても、これらの店はむしろ和風の居酒屋の風情だったようだ。

鴻乃巣で「パンの会」そのものが開かれたことはないが、美術史家岡部幹彦氏はエッセイ『メイゾン「鴻の巣」とパンの会』(「繪」三八五号、一九九六年三月)で「鴻の巣」の何がこれほどまでに杢太郎らメンバーを惹きつけたのかについて、次のように述べている。

あの少々口うるさそうな永井荷風が鴻の巣のカクテルと料理を誉めているのだから、まずなによりも料理と酒の味がよかったことがあげられるだろう。そしてこの頃に西洋にわたって料理を学んできた人間がどのくらいいたのか知らないが、さきに引用した杢太郎の文にもあるように、主人が魅力的な人物であったことも主要な理由であったろう。だが、それとともに杢太郎らパンの会のメンバーを惹きつけたのは、メイゾン鴻の巣のロケーションではなかったろうか。

第一章で触れたように、木下杢太郎は「鴻乃巣」の魅力に惹かれて、詩「該里酒」を駒蔵に贈っているのだが、彼がメイゾン鴻乃巣に初めて足を踏み入れたのはいつのことだろうか。私は彼の日記から明治四十三年九月のことだろうと考えている。鴻乃巣はこの年の夏、おそらく七月ごろに開店している。のちに文学者の中で鴻乃巣を最初に見つけたのは谷崎潤一郎だとする説や、九里四郎、あるいは里見弴だという人も出てくるが、私が調べたなかで、日記に鴻乃巣の名を最初に記した人は杢太郎である。

岩波書店から刊行されている『木下杢太郎日記』には、明治四十三年九月から四十四年六月までの九カ月間に、「鴻の巣」への出入りが散見される。和文は縦書きにして関連部分を抜粋しておく。

明治四十三年九月十六日（16. September）

Nachmittag bis 2 Uhr. Promenade á Nihonbasi. A Kônosu.

明治四十三年十二月十日（10. December 1910）

Yosii, Baba, Suzuki, Yamazaki u. ich — zu Café de Caunoce; Diner avec hareng.

明治四十四年三月九日（9. März 1911）

A maison du nid de cigogne. (3.p.m.)

明治四十四年三月二十日（20. Montag）
Diner A Nid de cicogne. Maruzen. C.d'arbre vert.
明治四十四年四月五日（5. Avril 1911）
午后北原を尋ぬ、Café Quônosou にて Sherry, Gin-bitters, Ponch をのみ、カニのコキー、チキンロースを食ふ。それから河岸の Obasan のすし。
明治四十四年五月四日
1―2.5 bei Kônos.　菖蒲湯たつ。
明治四十四年六月六日
北原、思ひ出出来。Maison Cônosu. Haut.

「鴻の巣」が Kônosu、Caunocе、nid de cigogne、Café Quônosou、Kônos、Maison Cônosu とさまざまに変化して使われている。杢太郎の日記は、ドイツ語で書かれたものが多いが、彼はそのときの気分によってフランス語、ドイツ語、英語を使い分け、あるいはローマ字を用いて和文で書くこともあった。「鴻の巣」の表記も必ず前と違った書き方を工夫している。

杢太郎自身は、鴻乃巣周辺のどんなロケーションに魅力を感じていたのだろうか。

木下杢太郎は静岡県伊東市生まれ。生家「米惣」は米問屋だが、祖父の代は回漕運送業を営んでいて、船で運ばれた江戸の文物が家の中にあふれていたという。いま生家は「木下杢太郎記念館」となり、画家を志していた時期もあった杢太郎の自筆のスケッチ画など、多数の資料を展示している。鎧橋の赤い鉄橋を描いたスケッチもある。

伊東市在住の杢太郎研究者の一人村田稲造氏は、伊東という土地が海を介して東京と直接に結ばれている点をとくに強調している。村田氏は『杢太郎の文学と伊東』（杢太郎会シリーズ第十九号）のなかで、杢太郎の作品のなかに顔を出す東京の町、隅田川沿いの新川、小網町、築地、佃島、日本橋などは、「杢太郎にとっては伊豆とも東京ともけじめのはっきりせぬ混然とした地点」で、彼が「少年時代に我が家の土蔵の中で見た絵草紙や錦絵」、「三味線の音や昔ばなし」などの江戸の系譜が、そのまま東京の下町の中に蘇」っていたのだとも書いている。「伊東と東京は海でつながっている」という指摘は、杢太郎とは逆に、東京に生まれ戦時中に伊東に疎開して住み着いた村田氏のまさに実感であろう。杢太郎が小網町鴻乃巣に惹かれる理由も、この辺にあったのだろうか。

「房州通ひか、伊豆ゆきか／笛が聞える、あの笛が／渡しわたれば佃島。／メトロポオルの燈が見える。」という杢太郎の詩「築地の渡し」は、この伊豆と東京の融通結合する姿を見いだしたものだという。杢太郎のこの小唄風の歌は、白秋の「空に真赤な雲のいろ／玻璃に真赤な酒のいろ／なんでこの身が悲しかろ／空に眞赤な雲のいろ」とともに「パンの会」のメンバーたちに愛唱されていた。

『スバル』『白樺』の広告

《広告》
MAISON KŌNOSU
RESTAURANT & BAR
鴻乃巣の酒場にはゴルキーの愛飲したウオツカや
ヴェルレーヌが一日もはなさなかつたアツプサントや
其他珍酒五十餘種
殊に主人が自慢のカクテルやポンチ酒等が出来るので
今や少壮文士画家芸術家連に大受。

これは『白樺』（明治四十四年二月）に載ったメイゾン鴻乃巣の最初の広告である。ロシアの小説家にはウォッカを、フランスの詩人にはアップサントを、少壮文士芸術家たちがわっと飛びつきそうな文字が踊っている。この広告は『スバル』（明治四十四年三月）にも同じものが掲載されている。

その次に八月の『白樺』に載った広告には、青年文士たちに畳み掛けて誘う駒蔵のしたたかさが感じられる。

《広告》

評判の鴻乃巣のバー――には

露の文豪ゴルキーが愛飲した水晶のやふなウオツカや彼の有名なる仏国のヴェルレエヌが一日もはなさなかつたオパル色のアップサントや七色や五色につぎ分けた美しい酒や其他自慢のカクテルやポンチ等があります。又殊に此たびわざ〳〵露西亜から取り寄せました電〔ママ〕のやふにピカ〳〵光る腹のふくらんだサモワルで沸した紅茶を召上るも気持のよい感じがいたします。兎に角論より証拠ですから是非とも一度鴻の巣へおはこびを御願ひ申ます。

当時慶應義塾文科に学んでいた久保田万太郎は後年書いた随筆「MAISON KÔNOSU」のなかで、「スバルに、毎号、この店の、気のきいた文句の広告ので丶ゐるのをみてさへ、ぼくは、心、さしぐまれるおもひだつた」と書いている。

さらに同年『白樺』九月号に載った広告には度肝を抜かれる（『スバル』三年九号にも同じ広告あり）。

《広告》

Saturday Night

皆さんが非常に御賛成下さいましたので弥《いよいよ》九月第一土曜日（二日）に第一回サターデーナ

イトを催す事になりました。
料理はHors d'Œuvresから Dessertまで弊店開業以来未だ一度も出した事のない通な物ばかり出します。
入会御随意
会費　一円
注意　サターデーナイトは土曜日毎に開催いたし升

機知に富んだ駒蔵の広告文の才能にはシャッポを脱ぐ。今でいえば、優れたコピーライターというところだ。これは店に集ってくる文士連の影響もあるのだろう。それにしても、明治末期に「サタデーナイト」を催すとは恐れ入る。駒蔵の得意になって鼻を鳴らすようすがみえるようだ。ちなみに、この時代の価格を調べると、米十キロで一円七十銭、コーヒー一杯五銭である。一円の会費が苦にならない層は限られていたにちがいない。

八月号の広告に登場した露西亜製のサモワールは、駒蔵自慢の道具だった。同年『白樺』十月号編集後記に、こんな記述があった。

同人の九里四郎は丁度仏蘭西に絵の研究に行つた。お名残の展覧会が琅玗洞で十日斗り開かれてゐた。十七日の日曜日には九里が御ひいきのメーゾン鴻の巣が九里の為めに「雷のやうにピカ〳〵光るサモワール」を持ち出して御客様に御茶をすゝめた。当日は主人自ら出張してめざましく働いてゐた、私は下痢症にかゝつてゐたのに三杯も御馳走になつたので腹がだぶだぶした。

店主駒蔵が神田淡路町にあった「琅玕洞《ろうかんどう》」までサモワールを運び込んでの出張サービスだった。ちなみに琅玕洞は、高村光太郎が米欧から帰国後、開設した画廊である。高村光太郎もまた、このころ鴻乃巣に出入りし、疾風怒濤の青春を送っていた一人であった。鴻乃巣のメニューは、光太郎の画を伊上凡骨が彫った版画だったという。

北原白秋の「屋根の風見」

北原白秋は、「パンの会」の活動などをとおして、木下杢太郎や吉井勇らと「メイゾン鴻の巣」によく出入りしていた。白秋に関して、駒蔵の息子一夫の記憶に残っている逸話がある。

「一夫の人生の一番古い記憶は、白秋の手に引かれて日本橋の三越本店に連れて行ってもらい、何か買ってもらったこと」だと、一夫の長男鴻一が書いている。これは白秋が詩「屋根の風見」（明治四十四年十二月『朱欒（ザムボア）』初出）を書いたころの話ではないかというのだ。もしそうだとすると、一夫はまだ三歳半ほどの幼児である。一夫は白秋に何を買ってもらったのだろうか。子供ながらによほど嬉しかったのだろう、白秋の強烈な印象が忘れられなかったにちがいない。

屋根の風見

子を奪ろ、子奪ろ、
「鴻の巣」の窓に、
硝子が光る。
露西亜のサモワル、紅茶の湯気に、
かつかと光る。
江戸橋、荒布橋、
青い燈が点く……向うの屋根に、
株の風見がくるくるまわる。
晴か、曇か、霙か、雪か、
雲はあかるし、夕日は寒し、
七歳お店の長松さへも、
黒い前掛けちよいとしめて、
空を見上げちや真面目顔、
真面目顔。

晩秋の夕暮、日本橋川の赤い鎧橋のたもとにある「鴻の巣」に夕日が射し込む。店内の金属製のサモワールが湯気をとおしてかっかと光っている。外に目を転ずれば、遠くに江戸橋、荒布橋が影絵のように浮かぶ。対岸の兜町株式取引所の屋根にある風見鶏がくるくるまわっている……。「カゴメ、カゴメ」のような子供の遊び歌のリズムにのせて、「鴻の巣」周辺の景物が詩的に描かれている。

のちに白秋の第一童謡集『とんぼの眼玉』（大正八年十月十五日刊行）に収められたこの詩の末尾に「鴻の巣とは西洋料理屋の名です」と、註がつけられている。この童謡集には、今でも歌われている「雨」「赤い鳥小鳥」「あわて床屋」などが入っているが、「屋根の風見」はほとんど知られていない。

早熟の天才　郡虎彦

第一章で触れた吉井勇は随筆「鴻の巣」〔全集所収〕のなかで、小網町「鴻の巣」に最も足繁く通ったのは、郡《こおり》虎彦（萱野《かやの》二十一《にじゅういち》）だったと書いている。

私は「鴻の巣」と云うと、小さな体に気取つた形の背広を着て、いつもかぶつていた山高帽子を、大きな卓子の上に置いて、青い程白い顔の額のあたりに小皺を寄せ、何かじつと考え込んでいる彼の姿を思い出す。

郡虎彦は明治二十三（一八九〇）年東京日本橋八丁堀の生まれ。郡家の養子となり幼い頃は神戸にいたが、中学校から単身上京して学習院に通い、得意の英語を生かしてオスカー・ワイルドなどヨーロッパの世紀末文学に親しんでいる。一方最年少の同人として『白樺』に名を連ね、評論や小説を発表、明治四十三年雑誌『太陽』の懸賞小説に萱野二十一の筆名で投稿、当選している。萱野は養祖父の姓、当時虎彦は数え二十一歳だったというのが筆名の由来だそうだ。

吉井勇は随筆で虎彦について書いている。


郡君は明治二十三年の生れだから、私よりも四つ年下だつたが、ひどくませていたからある場合には、何だか私よりも年上のような気がしたこともしばしばある。殊に恋愛関係の知識に於ては、むしろ天才的なところがあつて、思いもかけない秘密を打ち明けた上相談を懸けられて、ちよつと返事に困つたようなこともあつた。いつも山高帽をかぶつているのでも分るように、洋服の好みなどひどくむずかしく、或時豪華なオーバーの新しいのを着ていたので、

「素晴しいものを着ているじやないか」

と云つて褒めると、彼はちよつと苦笑して、

「なあに悲劇を身にまとつているようなもんだよ」

と云つていたが、どうやらこれは大分借金して作つたものらしかった。

作家杉山正樹氏は『郡虎彦　その夢と生涯』のなかで、このころの虎彦の気障《きざ》ぶりについて、さらに次のように記している。

彼は一見、いかにも凝った服装をしていた。たとえば黒羅紗の両前（ダブル）の背広に細い縞のズボン、金縁眼鏡をかけて、五尺そこそこの小さな躰に山高帽をかぶり、蒼ざめた顔色を隠すため、桃色のポンペイアン・クリームをつけていた。（もっとも、彼はいたって無精なので背広の肩には雲脂《ふけ》が落ち、手先が不器用だから、クリームは斑らに赤く頬を彩っていたのだが。）

水上瀧太郎は、カフェ・プランタンや、メエゾン・鴻の巣へ行くと、きまってそんな服装の虎彦に出会って、実に気障な男だと思ったと書いている。あるとき、「三田文学」の同人たちがヴィッカース・クラブへ遊びにこないかと誘って、「ハムエッグスと紅茶くらいならありますよ」というと、

「まるで朝飯のようですねえ。」

と軽く笑った。この話は、虎彦がいかにハイカラで気障かという例証として、しばしば彼らのあいだで話題になった。

もっとも園池氏によれば、自分たちだってそう答えただろう、別に気障でもなんでもなく、生活環境の差とでもいうほかはない。ポンペイアン・クリームも、胃腸の弱い虎彦は始終ニキビに悩まされていたので、このニキビ取りクリームを顔につけていただけだし、またメエゾ

ン・鴻の巣へ行くのも、月末勘定でツケがきいたからだ、ということになる。

里見弴は、随筆集『自然解』のなかで「郡虎彦を懐ふ」の項を設けて、鴻の巣の月払い勘定のことを書いている。

彼のおしやれの延長として、食ひ養生にも凝つてゐた。米の飯は食へないと云ふので、いつも鎧橋の傍の鴻の巣へ行つて食べてゐた。尤もこれは現金払ひでなく、月末の勘定だつたから、金に困つてゐる彼としては、あながち西洋料理を喰ふためのみの鴻の巣ではなかつたやうである。

虎彦の養父郡寛四郎は日本郵船の船長だった人で、日本人として初の欧州航路の船長を務めていた。虎彦は神戸の親からの仕送りで生活していたが金遣いが荒く、嚢中の乏しさからツケの効く「鴻の巣」に入り浸る日々だったらしい。

その後郡虎彦は、東京帝国大学に入学し、『鉄輪《かなわ》』『道成寺』などの話題作を発表、これらは小山内薫の自由劇場ですぐに上演されている。虎彦は大正二年渡欧、同四年日本人俳優による能のイタリア上演を成功させたり、大正六年には自らの戯曲『鉄輪』を英訳してロンドンで上演して好評を博す。『義朝記』など日本起源の戯曲を英語版で刊行、上演されるなど国際的な活躍をするも、肺結核のため、大正十三年スイスで客死した。三十四歳の若さだった。

里見弴は、郡の追悼文として『鴻ノ巣と麦とろ』を書いている。長いので引用は省略するが、懐の乏しい弴と虎彦が、夜食をめぐって腹の探り合いをする描写が、なんともおかしく、行間から里見弴の優しさがにじみ出ていて感慨深い。『鴻ノ巣と麦とろ』という表題は、里見にとって亡き友虎彦と切っても切れない二つの大事なことがらに因んでつけられたものだが、白樺同人のなかにあって異色な存在郡虎彦の姿を浮き彫りにしている。

杉山正樹氏は前述の著書のなかで、「学習院の後輩に当る三島由紀夫が、若い頃、郡虎彦に傾倒していたことはよく知られている」とも書いている。三島は『私の遍歴時代』に「日本の劇作家で明白な悲劇作者といふと、世阿弥その他の謡曲の作者と、近松門左衛門その他の浄瑠璃作者と、逍遥、鷗外の二大家ぐらゐなもので、近代劇時代に入つてからは郡虎彦氏の他には見当らない」とまで称揚しているというのだ。三島由紀夫自身の『近代能楽集』は、郡の『鉄輪』や『道成寺』から想を得て書かれたものらしい。

評論家の勝本清一郎は、『座談会大正文学史』のなかで、郡のことを次のように評している。

……この人はとうとう日本で仕事をするのがいやで、どうしてもイギリスへ行って英語で作品を発表し、英語で劇を上演してもらうという念願で向うへ行ったんですから、事実、The Toils of Yoshitomo などは向うでも刊行も上演もされたのですから、西洋的な芸術に心酔して、そこのところへ体全体を投げかけていったというタイプでは、郡虎彦のようなものがひとつの最先峰だったと思う。

一世紀も前に、日本を脱出して世界の文学界で活躍する早熟の天才が、飛翔前の時期、鴻の巣に入り浸っていたのである。

三木露風の「鴻の巣の鳥と赤いセリー」

明治四十五年の五月、白秋の文芸誌『朱欒（ザムボア）』に、鴻の巣の広告が掲載されている。

《広告》

鳥とならばや、鴻の巣の鳥に、
鴻の巣の鳥に、赤いセリーの花かげに、（露風）

前月第二サターデーナイトの時にボニト鳥の料理を出しましたところが其味は鮭のやうで肉が猪に似て居りましたので上田博士が食後此料理を評して『これが全く山海の珍味でしやう』と曰れました。卓を囲んで居られた人々は此即席のシャレを聞て微笑せずには居られませんでした。そして皆さんの頭の中では適評だと叫んで居るやうに思はれました。私は全くですネーと口へ出して申しました。（主人）

私共の（おきまり）は五十銭で、うまい料理が三品とコーヒーが付きます。

日本橋区鎧橋脇　　　鴻の巣　　　敬白

白秋と並び称される詩人三木露風の詩の、繰り返しのリズムが心地よい。また上田敏博士の洒落（ボニト bonito 鳥＝カツオドリ）に、微苦笑で応じる知識人に対し、すかさず快哉する駒蔵の素直な気持ちが表れていて、さわやかな広告文になっている。

この広告より前の明治四十四年六月に発表された三木露風の小説「悩」のなかに、鴻乃巣らしき店が出てくる。文中には「橋の袂にある某―といふ珈琲店《カッフェ》」と書かれているが、前後の描写から鴻乃巣のことだと思われる。

もちろん、明治末期の潮流の変化は文学界だけではなかった。いわゆる「新しい女」をめぐる世相の変化や、社会主義者に対する情勢の変化は、「メイゾン鴻乃巣」をもその渦中に巻き込んでいく。この時代の小網町「メイゾン鴻乃巣」にまつわる逸話をいくつか紹介しよう。

五色の酒事件

このころ、「メイゾン鴻乃巣」の名が新聞紙面を賑わすできごとがあった。「五色の酒事件」である。

「元始、女性は太陽であつた。真正な人であつた。」

『青鞜』という名の、女性だけの月刊文芸誌が産声を上げたのは明治四十四（一九一一）年のことで、文頭のこの言葉は青鞜社を主宰する平塚雷鳥（らいてう）によって書かれ、創刊号の巻頭に宣言文として掲げられている。文頭の文言は、さらに次のようにつづく。

「今、女性は月である。他に依つて生き、他の光りによつて輝く、病人のやうな蒼白い顔の月である。」

当時は、女性が集まってものいう機会が皆無だったことを考えると、『青鞜』の出現は男性優位の社会に対して挑戦状を叩きつけたに等しかった。

明治末期、この『青鞜』創刊号の発刊を、「眩い光の塊」のように感じて心待ちにしている一人の天衣無縫な十八歳の女性がいた。彼女の名は尾竹《おたけ》一枝《かずえ》。日本画家だった父親の後継者になるべく育てられてきたが、自我の目覚めとともにそんな自分に不自由さを感じ始めていた。彼女は『青鞜』を早速手に入れ、まるで聖典のようにして何度も読み直しては、憧れの雷鳥宛てに恋文のような手紙を寄せる。

翌年の明治四十五年、彼女は青鞜社に入社する。特技を生かして雑誌の表紙絵を描いたり、詩やエッセイなどを書くようになる。筆名は尾竹紅吉（「こうきち」「べによし」とも読む）、男と見紛うほどの大柄な女性であったという。

このときまだ十代だった尾竹紅吉が、まもなく「五色の酒事件」をおこし、新聞でスキャンダラスに書き立てられることになるのだ。

紅吉は、画廊「狼玕堂」での田村俊子と長沼智恵子の展覧会を観に行き、そのあと『青鞜』の広告をとるために、「メイゾン鴻之巣」を訪れたらしい。店主奥田駒蔵は紅吉にカクテル「五色の酒」を作ってみせる。

のちに『青鞜の女　尾竹紅吉伝』を著した渡邊澄子氏は、このときの光景をつぎのように記している。

「年若い画家として紅吉の顔を見知っている店の主人がいいものを見せようと作ってくれた、グラスに注いだ五色の酒に魅せられた紅吉は、押さえかねた興奮を持ち前の無邪気さですぐに書いてしまう」

このとき紅吉が書いた文章が、『青鞜』七月号の「編輯室より」に載っている。


五色につぎ分けたお酒を青いムギワラの管で飲みながら「私」と「私」はこんな話をした。らいてう氏の左手でしてゐる恋の対象に就ては大分色々な面白い疑問を蒔いたらしい。或る秘密探偵の話によると、素晴しい美少年ださうだ。其美少年は鴻の巣で五色のお酒を飲んで今夜も又氏の円窓を訪れたとか。

ここに登場する美少年は、もちろん紅吉自身のことだが、このときの紅吉の筆致を渡邊氏は「真面目なことを真面目に書くだけでは満足できず、笑いを呼び込む道化役を演じなければいられず、面白おかしくデフォルメして書いた」と分析する。

「五色の酒」とは、比重の異なる五種類のリキュールを、比重の大きい順にグラスに注いで五色の層にしたものだそうだ。プースカフェとも、レインボウとも呼ばれているらしい。果たしてどんな味がしたのだろうか。

「色彩の世界をも生きていた一九歳の画家紅吉」はその美しさに魅せられて、飲んでもいないカクテルを飲んだと無邪気に吹聴し、世間にさざ波を立ててしまったのだ。

紅吉がそのあとさらに引き起こした「吉原登楼事件」を引き金に、当時の新聞は紅吉はじめ所謂「新しい女」に矛先を向けて、あることないことを書き立てるようになる。この筆禍は、冷静に見れば「捏造に満ちたいい加減なもので、読者の通俗的興味におもねるような品のない」ものだったが、読んだ世間は許さない。

青鞜社に対する非難攻撃は日ごとに激しくなるばかりで、社に向けて石つぶてが投げられ、雷鳥宅には脅迫状が送りつけられる事態に陥る。購読中止を申し出る人も出てくる始末に、社員も紅吉に冷たい視線を送るようになる。やがて紅吉は結核の宣告を受けたため東京を離れて療養に専念、その後『青鞜』を去って行く。紅吉が実際に『青鞜』に関わったのはわずか九カ月ほどだが、『青鞜』自体も大正五年には廃刊になる。

その後、彼女はロンドンから帰国して陶芸を始めた富本憲吉と結婚、婚家の旧い因習と闘いつつ二人の子供のための学校を開いたり、夫の陶芸家としての才能の開花に献身的に尽くしながらも満たされず、どうしたら人間として自分らしい生き方ができるか、昭和四十一年七十三歳で亡くなるまで真摯に苦悶し続けた女性だった。

尾竹紅吉・富本一枝は、最後まで『青鞜』の紅吉といわれ、「五色の酒」は紅吉の符牒としてつねに用いられる枕詞となった。もし駒蔵が無垢な少女尾竹紅吉を「五色の酒」で惑わせなかったら、『青鞜』、あるいは一枝はどんな歩みをたどったことだろうか。

なお、尾竹紅吉の憧れの人だった平塚雷鳥は、紅吉が神奈川県にあった南湖院入院中に見舞いに訪れた画家の奥村博史と出会い、紅吉の嫉妬を振り切って奥村との愛を育んでいく。大正二年の大晦日、奥村と今後の生活について「小網町鴻の巣」で話し合ったと、雷鳥は自伝「わたくしの歩いた道」に書いている。翌年一月、家を出て奥村との共同生活を始めるにあたり、雷鳥は両親宛ての独立宣言を『青鞜』に公表し、封建的な結婚制度に対する挑戦として世間を驚かせるのである。

大逆事件と平出修・石川啄木

メイゾン鴻乃巣が誕生した明治四十三年は、社会主義者が一網打尽に逮捕されるといういわゆる大逆事件が起きた年であった。駒蔵の身辺にも何やら不穏な動きがあったようだ。

明治三十四年、田中正造が足尾鉱毒事件で天皇直訴におよび、徐々に社会主義に対する弾圧が強化されていく。明治四十三年には天皇に投げつけるため爆裂弾を製造したとして信州明科《あかしな》で宮下太吉が検挙され、それを口実に政府は社会主義者・無政府主義者を根絶するため幸徳秋水・管野スガはじめ、彼らと接触があった新宮の医者大石誠之助を含む二十六名を大逆罪で拘引、逮捕する。このなかの六名は新宮ゆかりの者だった。十二月に裁判が開かれたものの、証人尋問などない秘密裁判で、翌年一月には二十四名に死刑の判決が下り、数日のうちに十二名に対し死刑が執行された。四十三歳だった大石誠之助は絞首台に上るとき「嘘から出た真」と語ったとされている。これ以降社会主義は冬の時代に突入していくことになる。

　大石誠之助はアメリカで医学を学んだのち、明治二十九年に和歌山の新宮で医院を開業、両親を濃尾地震で失った甥西村伊作の親代わりとして大きな影響を与えた人物である。誠之助は金持ちからは金を取り、貧乏人はただで診た「赤ヒゲ先生」で、住民から「毒取る（ドクトル）大石」と慕われていたという。

　この赤ヒゲ医師の大石までがなぜ大逆事件に連座し、処刑されるに至るのか。旧憲法下ではタブー視されてきたこの事件も、百年以上経過した現在では、さまざまな解明が試みられている。その結果、首謀者は五人に限られ、それ以外はほぼ国家権力によるでっち上げだとみなされている。

　この大逆事件の裁判で、紀州関係被告の弁護人の一人となったのが平出修であった。彼は新潟の出身で、明治三十三年新詩社に入り、『明星』に短歌を投稿、また評論を執筆するようになる。結婚してのち弁護士の資格を取るため上京、明治法律学校に学んで弁護士になるのだが、職務の傍ら与謝野寛・晶子夫妻のそばで『明星』同人として活躍した。『明星』廃刊後は、石川啄木・平野萬里・吉井勇らと『スバル』を刊行、発行所は平出修の事務所兼自宅に置いている。修が大逆事件被告の弁護を引き受けたのは、与謝野寛からの要請であった。

与謝野寛は明治三十九年、『明星』の面々と関西方面に歴遊したとき、新宮に大石誠之助を訪ね、熊野の山林王であった西村伊作の家に案内されている。また明治四十二年にも新宮の文学青年たち主催の「文芸講演会」に、石井柏亭、生田長江とともに講師として招かれている。

大石誠之助など六名の新宮関係者が逮捕されたとき、西村伊作は与謝野寛をとおして平出修に紀州派の弁護を依頼した。修は、予め森鷗外からロシア・フランス・イタリア・ポルトガルなどのヨーロッパ各国における社会主義運動関連の教示を受けてから、裁判に臨んでいる。

弁護士平出修にとって、裁判は不合理極まりないものだったが、この事件の「被告と直接接触する機会をもった稀少な文学者」（中村文雄「平出修、大逆事件をめぐって」）として、後にさまざまな種をこぼしている。

事件に関わる前の彼は、意欲的な叙情歌人であり、有能な評論活動を展開する文学者であった。しかし明治四十四年以後、一転して事件の真相を世間に伝えようと小説を書き始め、大正元年に「畜生道」「計画」を、大正二年に「逆徒」を発表するが、大正三年三十五歳の若さで死去してしまう。

一方、石川啄木は北海道漂泊時代のあと、明治四十一年、二十三歳のとき単身上京し、四十二年三月には東京朝日新聞編集局の校正係に就職、働きながら作った短歌が新聞紙上に採り上げられるようになる。明治四十三年九月から紙上に「朝日歌壇」が設けられ、啄木は選者に抜擢される。この年十二月に歌集『一握の砂』を刊行する一方で、平出修の事務所で雑誌『スバル』の編集にも当たっていた。

啄木にとって大逆事件は特別な関心事であった。彼は北海道時代に聞いた演説をきっかけに社会主義に惹かれ、明治四十三年には「時代閉塞の現状」を書いて、強権国家の打破を説いている。新聞社内で洩れてくる事件の情報に耳をそばだて、ときおり弁護士の修からもらされるつぶやきに、政府が幸徳秋水らを抹殺しようとする企みを見抜いていたのではないか。

明治四十四年一月十二人の処刑が終った後、啄木は平出修から被告たちの獄中の手紙を借り受け、また極秘の裁判記録（予審調書）を読み、幸徳秋水の陳弁書をもとにして「A LETTER FROM PRISON」と題する文章を残している。二月に腹膜から肋膜の病で床に就いた啄木は、翌四十五年四月、結核で亡くなってしまう。二十六歳の若さだった。

啄木が生前鴻乃巣に出入りしていた形跡は日記を読む限り明らかではないが、『一握の砂』に収められている歌「新しきサラドの皿の／酢のかをり／こころに沁みてかなしき夕」は、メイゾン鴻乃巣のサラダの思い出とする説もあるようだ。

さて、平出修のことを長々と書いたのには理由がある。

大正二年一月から「メイゾン鴻の巣」が大杉栄らの創設した近代思想社の集会場に何度となく使われ、そこに「平出修」も参加しているからだ。私は駒蔵のことを調べ始めた最初のころにそれを知り、この三者の関係が不思議でならなかったのだ。

『近代思想』大正二年二月号の編集後記「大久保より」に、第一回目の集会のようすが荒畑寒村によって書かれている。

■一月四日夜。近代思想社の第一回小集を鎧橋際のメーゾン鴻の巣に開いた。お客さまは本誌寄稿家十三名、外に馬場孤蝶、生田長江の二氏をも招待した。主人側の意、蓋《けだ》し此のシンミリせる小集会に依て、吾々平生の抱懐を文壇の人に対《むか》つて吐露し、又文壇の人々の思想感情をも聞かうとするにあつた。

ところが、会は談論風発、余興まで出て、大爆笑の盛り上がりぶりだった。寄稿家のひとり上司小剣などは「是あ面白い、僕は会費をもつて毎月来る」とまでいったと書いている。しかし、問題はそのあとの大杉栄筆の後日談である。

■其後鴻の巣へ遊びに行つたら、会の二三日あとに高等視察何の某とか云ふ名刺を持つた男が来て、其時の話の模様などを尋ねた上に、主人の身の上まで詳細に調べて行つた、と云ふ話だ。
■料理屋だもの、淫売も行かうし、泥棒も行かうし、社会主義者も無政府主義者も行かうぢやないか。それを一々主人まで同類にして了つてゐた日にや、警察も中々御苦労様なこつた。
■どうもにせ者らしいから、そんな時には器物や何にかによく注意してゐなくちやいけない、と云つて僕は帰つた。(栄)

前述したように幸徳秋水ら十二名の刑死が執行された後、社会主義は冬の時代に入る。日露開戦に反対して秋水と平民社を立ち上げ、平民新聞の発行に携わってきた堺利彦は、明治四十一年に起きた赤旗事件で荒畑寒村、大杉栄らとともに逮捕され、二年にわたり投獄されていたため、大逆事件の難を逃れていた。堺利彦は出獄後、冬ごもりのあいだ厳しい官憲の監視をしのぎながら、まず同志のため「売文社」を設立する。堺は「ペンを以てパンを求める」ことを宣言し、翻訳、講演の筆記、添削などを手がけている。平成二十二年に堺利彦の伝記『パンとペン』を著した黒岩比佐子氏は、「発足したばかりの売文社が同志の〝情報センター〟としての機能を発揮した最初の機会が、大逆事件で処刑された人々の遺体の引き取りと葬儀だった、という事実はあまりに悲しい」と、著書のなかで書いている。堺利彦は、その後も岡山から福岡、高知、和歌山、三重など遺家族慰問の旅に出ている。

一方大杉栄と荒畑寒村は、堺の「時機を待つ」という姿勢に不満を抱き、進んで時機をつくろうと考え、大正元（一九一二）年十月に月刊誌『近代思想』を発刊する。ただし、当時の社会情勢から、時事問題を自由に論じるのは難しく、「せめて文芸や思想上の抽象的な問題に論点を移行させた文芸雑誌」として始めることにしたのだ。売文社は堺利彦が、『近代思想』は大杉栄と荒畑寒村が編集責任者だが、互いに行き来があり、記事や原稿も相互に乗り入れて書いている。

前に引用したように、近代思想社の第一回小集が大正二年一月四日。『近代思想』三月号には、二月九日に第二回小集がやはり「メーゾン鴻の巣」で開かれたと書かれている。このときの招待客は内田魯庵、岩野泡鳴だった。別にこんな記述もある。「伊庭孝は本誌に寄稿するやうになつてから、刑事の来訪がすこぶる頻繁になつて、あまりうるさいからと云ふので、当分寄稿を見合わせるとの事」。会場だけでなく、参集者への監視も強化されていたのだ。なお伊庭孝は同志社在学中に社会主義に触れて大学を中退、このころすでに近代劇やオペラの演出を手がけている。さらに関東大震災後は音楽評論家として活躍した人物である。

四月号の消息欄「売文社より　渋六」では、堺利彦（別名貝塚渋六）が三月二十二日に開催する第三回近代思想社の小集について、皮肉な調子で書いている。

■近代思想社の第三回小集は廿二日夜、例のメゾン鴻の巣で開かれる筈、今度は島村抱月、相馬御風の二君が御客として来臨せられるそうだ、こんな風に文壇諸名家と御交際の出来かけた所を見ると、近代思想社同人もよほど立身した訳だ。

■本月末の三日間は帝国劇場で伊庭孝君、上山草人君等の近代劇協会のファウストの興行がある、近代思想社や売文社の連中もナケなしの財布をはたいて総見物に出かけるそうだ、先日は又此一座の新女優歌路君が売文社に遊びに見えた、光線の不足勝な売文社もお蔭で大いに照り渡つた様な気持がした。

五月号の「大久保より」は大杉栄が書いている。

■十九日の夜、近代思想社第四回小集を、例の鴻の巣に開く。集まるもの、

久津見蕨村　平出修　片山潜　和気律次郎　安成貞雄　安成二郎　堺利彦　佐藤緑葉　仲木貞一　荒畑寒村　小原慎三　大杉栄

とあり、四月十九日の第四回小集に平出修が参加している。このときどんな話し合いがもたれたのかは不明だが、前述のように、平出修は前年の大正元年に「畜生道」「計画」を『スバル』に発表しており、大正二年九月には「逆徒」を『太陽』に発表するに至る。しかし、これが発禁処分を受けると、修は直ちに「発行禁止に就いて」という長い抗議文を書き、当局を諫めている。

高橋渡氏は「作家平出修」のなかで、「大正二年という明治から大正への転換期、文学界では、例えば大杉栄・荒畑寒村らの『近代思想』の提起する生の拡充を求めての〈実行と芸術〉に見られもするような新しい動向」として、これらの一連の平出の小説は、叙情的な気分を描くこれまでの文学からの脱却を試みたものと捉えている。『近代思想』七月号の新刊案内欄には、平出修の「畜生道」に対する寒村の書評があり、社会問題小説だと位置づけながら、センチメンタリズムに陥りすぎたことを指摘し、面白く読んだと締めくくっている。

七月号の『近代思想』には「近代思想社小集」の記事があり、六月八日に「メーゾン鴻の巣」で開催された第五回小集のようすを詳しく伝えているなかで、小集二回目の参加者暮村隠士が、会場の鴻乃巣について面白い感想を書いている。

「茲《ここ》にまだ往つたことのない人の為にメーゾン鴻の巣の事を一言する。これは一箇の甚だ大いならざる西洋料理屋である。喰せるものは甘《うま》い。は入り心地も好い。居心地も悪くはない。其二階の窓から河を臨んで欄干にもたれてゐるとドンゴラ〔ママ〕が水を滑つて下を通りさうだとか、ヴヱニスに来たやうな気分がするとか、非常に灰かつた言を云つた人もある位だ。何んにしても一寸好い料理店だ。諸君往つて見給へ。（これも亦頼まれもせぬが序《ついで》だから――）」

『近代思想』の大正二年八月号には、「鴻の巣が麹町の隼町に引っ越した。十二日に、そこで、第六回小集を開いた」とあり、七月十二日の小集は、麹町の仮店舗で開いている。八月の小集については記述がなく、九月は神田の豊生軒、十月は京橋元数寄屋町店で開催したとあり、それ以降小集の話題はない。『近代思想』は大正三年九月に廃刊となる。また平出修の事務所が発行所だった『スバル』は大正二年末をもって終刊となり、平出修も翌年三月に亡くなっている。『スバル』の原稿を届けにいったことのある与謝野晶子の長男で、のちに医者になった光氏は、エッセイのなかで、平出修は「啄木の結核に感染したにちがいない」と書いている。

メイゾン鴻乃巣が開業した明治四十三年夏は、すでに大逆罪で逮捕者が出ており、巷は社会主義思想への警戒感に溢れていた。明治四十二年永代亭で開催された「パンの会」を、社会主義者の集会と誤認して刑事が二人来たという噂が立ったほどだった。「パンの会」のパンはギリシャ語のパン、すなわち牧羊神のことで、音楽の神ないしは芸術の神を意味しているが、幸徳秋水の訳したクロポトキンの『麺麭《パン》の略取』の影響で、こんな逸話がうまれる時代だった。

自由に対する閉塞感が充満するこの時期、多くの青年文士・芸術家たちが出入りするメイゾン鴻乃巣は、『近代思想』が「せめて文芸や思想上の抽象的な問題に論点を移行させた文芸雑誌」の体裁をとるのに、恰好の場所だったといえるのではないか。

日本橋小網町メイゾン鴻乃巣は、生き馬の目を抜く首都東京のなかにあって、青春の混沌にもがく少壮文士・画家たちや、冬の時代を迎えた社会主義者たちにとっても、いわば梁山泊《りょうざんぱく》だったのだろう。傷ついた羽を休ませる止まり木だったともいえるのかもしれない。

駒蔵自身、店の予期せぬ繁盛振りに面食らっていたにちがいないとしても、ほぼ同世代の文士や画家、はたまた社会主義者たちから受けた強烈な刺激と情熱は、みずからの内腑に肥やしとなってしっかりと蓄えられていったことは確かである。

2　日本橋木原店へ

駒蔵の野心

メイゾン鴻乃巣が日本橋小網町に店を構えていたのは、明治四十三（一九一〇）年以降たかだか三年間に過ぎない。駒蔵にはかなり早い時期からある野心があったらしい。永井荷風は「紅茶の後」（『三田文学』明治四十四年、二巻八号）に、次のような文を書いている。

今では日吉町にプランタンが出来たし、尾張町の角にはカフェー・ギンザが出来かゝつてゐるし、また若い文学者間には有名なメイゾン・コオノスが小網町の河岸通りを去つて、銀座付近に出て来るのも近い中だとかいふ噂さである。

日吉町や尾張町など銀座界隈につぎつぎと誕生するカフェーの賑わいを横目に見て、「鴻乃巣」

開店後一年も経たないうちに、店主駒蔵は銀座進出の機会を狙っていたようだ。先に引用した「夏の夜のメイゾン・コオノス」で筆者春えいは、右の荷風の一文を引用したのに続けて「けれども鴻の巣の主人はまた思ひ返して、この都会の燈火の映る蒼黒い川に臨んだ家をいつ迄も、棄てぬ事にしたさうだ」と書き加えている。駒蔵にはもっと大きな夢があったのだ。

大正二年、駒蔵の野望が具体化されるときがきた。

「メイゾン鴻の巣は今度矢張り小網町の河岸へホテルを兼ねる新式なカフェーを建築するにつき麴町隼町十一番地へ仮営業店を始めた。同主人の気焰は中々旺盛でゴンドラを備へるなどと云つてゐる」（『三田文学』大正二年、四巻七号・消息欄）。この時点で駒蔵は、何と「ホテルを兼ねる新式のカフェー」を建設すべく、大きく一歩踏み出していたのだ。それにしても日本橋川に「ゴンドラ」を浮かべるつもりだったとは、駒蔵の発想はとてつもなく大胆である。

麴町で仮営業を開始したのは、大正二年七月十日より前のことだったらしい。その日の読売新聞の広告には「メーゾン鴻の巣は今回都合により麴町隼町十一番地なる三宅坂上に移転し仮開業をなしたるが、向暑の際にて風味軽快なるもの三品を限り精々主人が腕を振つて調理する由」と書かれている。簡単なメニューしかできなくても、その仮店舗で慶應文科予科の懇話会や『近代思想』の集会などが開かれていた。

しかし、「ホテルを兼ねた新式のカフェー」はいつ完成したのだろうか。

地図3　木原店「メイゾン鴻乃巣」(日本橋通1丁目7)　大正2年11月5日〜大正5年10月

長谷川潔が語る木原店移転

仮店舗で営業を続けながらも、駒蔵の頭には別の考えがあったようだ。そこにどんな要因が働いたのか知れないが、駒蔵は結局小網町を棄て、同じ日本橋でも大通りに近い木原店《きわらだな》に移転する。

木原店というのは百貨店白木屋の路地を入ったところにある飲食街で、通称食傷《しょくしょうじん》新道《みち》と呼ばれていた。『明治商売往来』を著した仲田定之助は、「食傷新道たべもの屋」のところで、「その頃は大通りの左角に畳表問屋の伴伝の土蔵造りの店があり、右角はそばやの東橋庵があった。……新道に入ると南側にまず中華亭がある。……その隣が有名な汁粉店梅園、……その先にあったのは新川という鰻屋、そして中通り近くに飴屋と天ぷら屋が並んでいた。北側には伴伝の奥倉の隣に赤あんどんという大衆向きの小料理屋がいつも繁盛していた」と、この界隈の賑わいを紹介している。いまでも通りの北側、天ぷら屋「弁慶」の表に木原店食傷新道の案内板がかかり、往時をしのばせる。〔巻末地図②〕

小網町時代の「メイゾン鴻乃巣」の文献資料はかなりあるが、木原店に関するものは決して多くない。木原店への移転時期が確定できたのは、意外にも版画家の長谷川潔展の図録に掲載されていた一枚の写真がきっかけだった。

この写真は、十人の男性と二人の女性からなるスナップ写真だが、その下につぎのようなキャプションが付けられていた。

大正4年6月『假面』小集会
（1993「長谷川潔展」図録より）

『假面』同人月次小集会（一九一五年六月、鴻巣、カフェ・メーゾンにて）
後列左より長谷川潔、日夏耿之介、石井直三郎、一人おいて竹内逸、西條八十、森口多里、
前列左より伊藤六郎、永瀬義郎、松永信、その前は店の女性

百年も前の写真とは思えない鮮明なピントで、店内のようすもよくわかる。人物たちの右側はバーカウンター、左角にグラスなどの置かれた三角戸棚、その上にはアールデコ風の電気スタンドがある。店の奥は厨房に続くのか、アーク型に壁を切った通路があり、その三方は煉瓦で覆われているようだ。天井付近の壁には花の連続模様の廻り縁が配されている。その壁に掛かる一枚の額は絵だろうか、写真だろうか。天井から洒落たブランケットが下がっている。

一九一五年といえば大正四年である。ここに写し出された「鴻巣、カフェ・メーゾン」は明らかに小網町とは異なり、木原店の可能性が高い。長谷川潔の周辺を調査すれば木原店移転などの手がかりが見つかるかもしれない。

長谷川潔はメゾチントで知られる銅版画家で、大正七（一九一八）年二十八歳のとき渡仏して以来、パリで創作活動を展開。とくにヨーロッパで古くから行なわれてきたマニエール・ノワール（メゾチント）の技法を復活させ、仏政府からレジョン・ドヌール勲章を授与され、パリに骨を埋めた人である。その間六十余年、一度も帰国することはなかったという。日本で彼の画業が大々的に紹介されたのは、死の直前の京都国立近代美術館での大回顧展だったが、死後日本の遺族が作品や遺稿を生誕地横浜市に寄贈する運びとなり、みなとみらい21地区完成を機に、横浜美術館は長谷川潔に関する一大拠点となっている。

渡仏する前の長谷川潔は、日夏耿之介らとともに文芸雑誌の同人に参加していた。大正元（一九一二）年十二月に『聖杯』という名で創刊された雑誌は、その後大正二年九月に『假面《かめん》』と改題し、大正四年六月に解散するまで『聖杯』『假面』は通算二十九号が刊行されている。長谷川潔はこの同人誌の表紙を飾るために木版画を制作し始めたと、横浜美術館の学芸員猿渡紀代子氏は著書『長谷川潔の世界（上）』に書いている。

横浜美術館の美術情報センターで閲覧した『假面』（大正二年十二月号）復刻版により、鴻乃巣に関連する次のような記述を確認することができた。

展覧会五日目の晩、事務が了へてからカフェーパウリスタでミイティングをやつた。同人と画家連以外に土岐哀果君と宇野君が来た。十四五人も居たらうか随分賑やかであつた。パンドラ二人はコオノスの移転披露に招かれて行つて其方が面白いのか、たうとう見えなかつた。

ここでの展覧会は假面社主催の洋画展覧会のことで、十一月一日から六日まで銀座読売新聞社三階で開催されたもの。長谷川潔、永瀬義郎はじめ、北川民次、鍋井克之ら二十八名が出品している。この記事によれば、展覧会会期中の大正二年十一月五日に、コオノスは移転披露をしているというのだ。したがって木原店「鴻乃巣」は、この翌日には開店営業したことになる。

またこのことから、前述の平塚雷鳥と奥村博史の大晦日の晩餐会は、小網町ではなく、木原店の「鴻乃巣」だったと思われる。

『假面』は大正四（一九一五）年六月で終刊を迎える。長谷川潔展の図録に載っていた鴻乃巣での写真は、『假面』同人の解散会であったのだ。前にも書いたが、この写真には十人の男性が写っている。九人は同人メンバーで名前が判明しているが、残りの「一人おいて」と書かれた人物がどうも店主奥田駒蔵であるらしい。踏み台に乗っているのか、一番奥に頭抜けて高く口髭をたくわえた顔と上半身が見えている。長谷川潔はこの二年後に日本を離れている。

木原店鴻乃巣のようすを語る文献のうち、わずかに手に入れたものをみてみよう。『明星』や『スバル』のころから鴻乃巣に出入りしていた小説家長田幹彦は、のちに駒蔵から請われて随筆「ひと昔」を『カフェエ夜話』五月号に寄稿しているが、木原店時代の鴻乃巣をつぎのように回想している。

何を云つても、僕には昔の「鴻の巣」が懐かしい。小網町でまだ小体な店でやつてゐた時分の奥田君、それから食傷新道で、小網町時代よりももつともつと小さな店を開いてゐた奥田君、あの時分のことを思ひ出してみると、全く字義通りの隔世の感があると同時に、何んだか夢のやうな心持ちさへしてくる。

殊に僕には食傷新道時代の鴻の巣が一番よく印象に残つてゐる。庇間のやうな狭いところへ、無理に押しに押し込んだやうな家構へで、煉瓦のあらはに出た壁が、何うみても地下室を思ひ出させる。たしかその煉瓦にはいろんな油絵具のやうなものが塗りたくつてあつて、それがまた不思議な感じを与へてゐたのであつた。

小網町時代から鴻乃巣に出入りしていた詩人三木露風は、大正二年暮に西条八十らと新体詩のグループ「未来社」を結成する。その年、十二月三日に「未来」同人たち十人が木原店「鴻乃巣」の三階で集会を開いている。

女流小説家今井邦子の小説「その人」は、この三木露風をモデルにしているが、主人公の男女（三田と佐千子）が鴻乃巣で食事する場面が描かれている。二人が出かけた日は、たまたま鴻の巣が白木屋横町に移転のため商売を休んだその日だった。外灯が消えて物寂しい店のようすに驚き、なかをのぞくと、店主は「有合わせでよければ二品ぐらゐ出す」と応じている。移転に絡む小網町での最後のようすが描かれていて面白い。

内藤千代子の「メーゾン鴻の巣」探訪記

もう一つ、木原店時代の鴻乃巣を語る文献がある。

大正三年四月の『女学世界』（第十四巻六号）に掲載された内藤千代子の「メーゾン鴻の巣」は、女性の視点で書かれた貴重な探訪記となっていて、なかなか興味深い。

内藤千代子は明治二十六年東京生まれ、藤沢で文筆活動をしている。学校教育と無縁で成長した千代子は、『女学世界』の懸賞に応募しながら筆力を鍛え、明治四十三年に一等に当選後は、毎号のように身の回りの出来事を題材にした作品を発表している。この探訪記の載った大正三年ごろは、「生い立ちの記」を書き、「毒蛇」を最後に大正十四年三十二歳の若さで亡くなっている。

内藤千代子の探訪記「メーゾン鴻の巣」は、こんな件で始まる。

　いつか一度は〳〵と思つてたばかりで、思ひ切つてドアの中に吸ひこまれたのは今日が始めて。だつて極りがわるいんですもの……流石ね、酒場《バア》に出入する婦人なんてホ、、、、。

しなをつくった口調が千代子の筆の特徴だろうか。

千代子は友人の吉枝と急な階段を昇って三階の和室にいく。「バーへ来て座布団に座るのも変な工合」と考え直し、二階に下りる。

　ポツと酔ふやうな感じを与へる薄桃色の四壁《かべ》、金縁の可愛らしい洋画《がく》が四五面、円形《まるい》のと長方形《ほそながい》のと二個のテーブルをかこんだ椅子が五六脚、外には何もない鼻のつかへさうな小さな室、だがこれは、場所柄で仕方があるまい。あのね、白木屋の横町なんですよ。名づけてこの辺を木原店の食傷新道と云ふ。窓を開けると、直ぐお向ふは蕎麦屋や鳥屋、あら涎なんか啜つてやしないわ、随分ね。否《いゝえ》、ずゐ分狭いゴミ〳〵した通りだつていふのよ、放心《うつかり》顔出すと電線に引からまつてよ。

木原店鴻乃巣の正確な住所は日本橋通一丁目七番地だったが、この千代子の記述によれば、向かい側に蕎麦屋（東橋庵）がみえることから、白木屋横町の北側だったことがわかる。

若い給仕女達が階下でキャツ〳〵とはしやぐこと、はしやぐこと。鴻の巣のとりつて随分うるさいのね、と思はず苦笑する。この女《ひと》たちの名前がみんな、ヅンナさん、ケテイイさん、ヘツダさんなど近代劇の女主人公なのは振るつてる。私達の卓《とこ》へ来たのは銀杏返しの細面な年増の女で、「貴女は何ていふの」ときいたら、まだ新参者であゝ云ふ名はついて居りませんのですと云ふ。

小網町時代の鴻乃巣は、前に触れた久保田万太郎の随筆に「主人夫婦の外に、若いとも、としよりともつかない、不思議な女中が一人ゐたゞけの、よけいな使用人のちらくらしなかつた」店と書かれているので、木原店移転後は複数の女給たちが、近代劇のヒロインを名乗り、鳥のようにさえずっていたのだろう。

そこに、係の女給が「案山子集」一抱え持ってくる。

これは備へ付の落書帖で、知らぬ人には興薄いかも知らねど、書画あり、詩歌あり、ポンチあり、辞句、散文、埒もなく書きつけた諸文士が酔余の筆のあと。右手《めて》に一口お菓子を食べては左手《ゆんで》に一枚繰る。

千代子が見た落書帳「案山子集」は小網町時代からのもので、彼女はその中に「五色の酒」で騒がれた尾竹紅吉の名を見つけ、面白がる。

「紅吉の人相書。身の丈五尺六寸。顔色黒褐色、衣服かすり、袴セル、フチナシをかけてゐる。前生は女角力也。尋ぬる男。」まさかと失笑《ふきだ》してしまふ。

明治の女性としては並外れて大柄だった尾竹紅吉を、どこぞの小男が揶揄して書いたものだろう。前世は女力士とは恐れ入る。

森山敬子氏の講演記録『女学世界』に咲いた花〜内藤千代子について」によれば、『青鞜』には距離があった千代子だが、明治末年から大正元年にかけて「謎の少女」の代表として、尾竹紅吉と内藤千代子が大阪毎日新聞の取材をうけて記事になったことがあったというから、千代子は紅吉を意識していたのだろう。

千代子は紅吉の筆跡を見つけ、こう書いている。

けど御本人の筆跡には成る程その君らしい面目が躍如としてゐる。「鴻の巣の叔父さんが馬鹿に入つちやつた。」「墓場を探しに家を出たくせに、こんな酒場に浸つちやつて、親父とおふくろに何だかきまり悪くなつた」でもしほらしい事有仰《おつしや》るのよねえ、ホホ、、、。そこへまた馬鹿な男どもが様々な但し書やら割註を、縦横に引張つてある。気に入られたこゝの主人は三十あまりの肥つた気軽さうな洋服男で、叔父さんと呼ぶにはあまりに若い。

この紅吉の筆跡にある場面が、例の「五色の酒事件」と騒がれることになる駒蔵との初めての出会いだったのだろうか。

内藤千代子たちが二階で食事をしていると、その日午後三時から『青鞜』の集まりが三階で開かれることになっていて、メンバーが三々五々到着する。はじめに林千歳。「白いマフラーなんぞかけて背の高い――併し思つた程の美人でもなかつた。流石は化粧法の研究が行きとゞいてますわ、遠美近醜ですよ」。

やがて「おん大将雷鳥女史」が中野初子と一緒に登場する。

ズボラツとした長いマントぴつたり分けて襟元に束《つか》ねた髪、マーブルを彫《きざ》んだやうな美しい横顔をみせて、トン〳〵トンと傍目もふらず三階へ上がつてく、その風采に見惚《みと》れてしまつた。流石は明子《はるこ》さんだ。中野さんは少し頬骨の出張つたやうな方、たしか黒縮緬の羽織に束髪で。

階段を上がっていく二人の姿を描写する千代子の観察眼は鋭い。

やゝあつて岩野清子夫人、水の垂《たれ》るやうな丸髷つやつやと、厚化粧の大きい顔。（略）つゞいて野暮つたい加藤みどりさんもみえた。

「平塚さんつてお綺麗な方ですのね」

つておうめさんが感心してる。まつたく皆さん案外にお優しさうな方ばかり！　もつとも青鞜社の連中だからつて、鬼でも蛇でもありやしないわね、其様《そんな》に恐がるにも当らないわ。

内藤千代子のこの探訪記は、木原店鴻乃巣の雰囲気が細部にわたり活写されていて、見事である。『女学世界』がどんな読者層をもっていたのか私には不明だが、雷鳥ら青鞜社が巻き起こした女権拡張の機運が、この雑誌を手にする女性のもとにも届けられていたことは間違いない。この内藤千代子の文章には人品を美醜で判断するところがあり、女性の敵は女性なのかもしれないと考えさせられる。

吉井勇の「歌人会」

吉井勇にとって、「鴻乃巣」は小網町時代の思い出が強烈だったせいか、木原店に移転してからの記述は少ない。随筆「歌人会」に貴重な一文があった。

この「鴻の巣」がまだ日本橋の食傷新道にあつた時分に、一度「歌人会」といふものが開かれたことがある。この「歌人会」といふのは、会場は何処ともきまつていず、当番幹事の選定に任せてあつたので、赤阪の紅葉という中華料理屋で催されたこともあるし、日本橋の蔵多家という日本料理屋で開かれたこともあるが、私の最も印象に残つているのは「鴻の巣」の時であつた。その時の会に出席したのは、斎藤茂吉、島木赤彦、古泉千樫、北原白秋、若山牧水、太田水穂、中村憲吉、それに私などで、殆どその当時歌壇の第一線で活動していたものばかり。後から考えて見ると私を除いては、かなり豪華な顔触れだつた。

ここに集つた歌人達の中で酒を飲むのは、白秋、牧水、憲吉、千樫などで、みんなまだ三十代の血気盛んの時分だつたから、その飲み振りも凄まじかつた。その酔態もそれぞれに個性があつて、牧水が落ちついて目をつぶり、澄み通つた美音で短歌朗詠をやると、白秋はトンカジョンらしい無邪気な顔付で、「空に真つ赤な雲の色、前に真つ赤な酒の色」と、自作の詩をうたい出すといつたやうな有様。酔ふと憲吉は、よく舌をぺろぺろ出したが、これは茂吉にも共通した癖であつて、アララギぶりの酔態だつたのであろう。酒癖のあまりよくなかつたのは千樫で、酔つて来るとだんだん顔が青ざめて来て、何かにつけてからんで来るようなことがあつた。

吉井勇の優れた記憶力と観察眼を示す文章だが、この「歌人会」が開かれたのはいつのことだったのだろうか。私は駒蔵の個人雑誌『カフェエ夜話』を精査していて、五月号の「歌画詩集より」に次のような戯れ歌が掲載されていることに気づいた。時間の経過を追いながら記す。

大正三年七月四日夜九時　　斎藤茂吉

わが隣りの土岐の哀果はあつしとて上衣はぬげどずぼんはぬがず

七月四日九時十分　　前田夕暮

わが隣りの斎藤茂吉あつしとてぬぎし上衣をつひにきにけり

哀果生

わが隣りの斎藤茂吉りんりんとまなこを閉づるあさなりけり

「歌画詩集より」には、この外にも白秋や勇のまじめな歌もあるのだが、右の三首は明らかに茂吉を受けて、夕暮、哀果がふざけて詠みついだものだろう。

「歌画詩集」というのは、おそらく鴻乃巣に来た客が揮毫する寄せ書き帳からとられたもので、前出の内藤千代子の見た「案山子集」と同じものだと思われる。もちろんこの「案山子集」は現存していないため、『カフェエ夜話』に辛うじてその一部が残されているにすぎない。その「歌画詩集より」の末尾に、「右の歌は去る年の暑い暑い夜木原店の小さい鴻の巣の三階で集つた時に書かれたものです」と註が付されている。

吉井勇の書いた「歌人会」は、まさにこのとき木原店鴻乃巣で行なわれたもので、駒蔵がテーブルの上に置いていった案山子帳に、三人はふざけ半分で書いたものと推測する。

もう一つ短歌に関しては、『カフェエ夜話』創刊号に「木原店回顧」と題された廣川蕣泉《じゃくせん》の歌が九首あり、これも案山子集から取ったものかもしれない。四首紹介する。

貧しかる犀星を率て木原店まがるに馴れし月あかりよな
脚かさねお千代がひけるまんどりん酔ひきはまりて泣きにしや誰れ
白秋のネクタイピンの玉蟲に呆れて踊りきなにがしの子は
鴻の巣の肉の厚みを讃えけむ豊周とわれといまはなげかゆ

廣川蕣泉は東京美術学校出身の染織・図案家だが、『明星』にも深く関わる歌人でもあった。室生犀星と萩原朔太郎は、大正三年ごろから鴻乃巣に出入りしている。朔太郎は「大きなボヘミアンネクタイを締め、マンドリンを抱えて」鴻乃巣にいくこともあったので、お千代が手にしたのは、朔太郎のマンドリンだった可能性がある。

同じく美術家関連では、大正五年十月に第三回二科展が開催されたが、その懇親会会場に鴻乃巣が使われ、関根正二、東郷青児、佐藤春夫、鍋井克之が鴻乃巣で徹夜したという。時期からすると、木原店の最後のころだろう。関根正二と駒蔵は、このとき初対面だったのだろうか。関根正二がこの三年後に、まさか二十歳の若さで死去するとは、駒蔵も想像だにしていなかったにちがいない。

3 京橋南伝馬町へ

本格的なフランス料理レストラン

駒蔵が、さらに本格的な「フランス料理レストラン鴻乃巣」と銘打って京橋に進出したのは、大正五(一九一六)年十月二十三日のことである。場所は京橋区南伝馬町二丁目十二、現在の中央区京橋二丁目中央通りに面した西の角地、明治屋の位置にあたる〔巻末地図③〕。駒蔵は、小網町(一九一〇)から木原店(一九一三)、さらに京橋へと、三年ごとの移転計画で、ついに宿願の大望を実現させたのである。駒蔵は三十四歳の働き盛り、妻ヨネ二十七歳、息子一夫は暁星小学校に通う学童に成長している。

都新聞(大正五年十月二十四日付)はつぎのような記事を載せている。

地図4　京橋「鴻乃巣」（京橋区南伝馬町2丁目12）大正5年10月〜

> 鴻の巣　予《かね》て京橋南伝馬町二丁目に新築中の鴻の巣は竣成して二十二日夜盛んな開業披露を催し、二十三日から開業した。同店は間口四間奥行八間の洋館四層楼で各室の装飾配置に数寄を凝らし営業も従来の野卑安直なる珈琲店や酒舗と異り純然たる仏蘭西料理を呼物とし軽便懇切を旨とする由。

この記事には「新築中」と書かれているが、鴻乃巣が移転した建物は、前からあったビルを改築したものだった。仲田定之助は前述の『明治商売往来』で、そのビルを「三階建の田村帽子店の跡」と記述しているが、間違いである。地番から、前身は三木商（洋布）店だったことが明らかになった。

　三木洋布店の店舗ビルは、明治四十二年三月に竣工した木造四階建て、店主自ら設計し、南川彌吉の施工によるもので、その年八月の建築学会発行『建築雑誌』に、写真とともに紹介されている。

駒蔵は、木原店の窮屈な店構えに不満を感じていたのだろう、三木商店撤退の情報にいち早く反応し、移転を決めたものと思われる。洒落た外観は以前の三木洋布店のほぼそのまま、内部は大幅に改築して、駒蔵が理想とする仏蘭西料理レストランができあがった。十一番地の田村帽子店と十二番地のレストラン鴻乃巣の二つの店は、通りを隔てた角地に並び建っていたことになる。

さて、京橋「鴻乃巣」は、一階がバアと喫茶、二・三階がいくつかの宴会場も完備したレストランになっていた。一階は、高い天井から下がる大きな扇風機や、客を上階に導く木製手摺のついた階段、フロアのあちこちに置かれた観葉植物の鉢、酒瓶の並ぶカウンター、鈍い光を放つロシア製のサモワールなどが目を引き、おしゃれな空間を演出している。駒蔵の頭のなかでは、横浜のオリエンタル・パレス・ホテルの雰囲気をイメージしていたのかもしれない。

岡野知十《ちじゅう》という俳人が書いた「夜食の箸休めに」という文章（『趣味の友』大正五年十二月）に、移転した当時の店や客のようすが詳しく書かれている。ややわかりにくい文章だが、句読点を書き改めて一部引用する。


数年まへ小網町河岸で五色の酒のバアでうり出した「メーゾン鴻の巣」が、木原店へうつり、この頃大きくなつて京橋の南伝馬町の角へ紅白ダンダラの日覆ひ鮮かに見世を開きました。料理店や酒店《さかみせ》の日覆はこうしたのがあちらでは普通ですと亭主はいひます。いかにもこの日覆ひは京橋通りで、それが角で人の目をひきつけます。二階、三階は仏蘭西風の料理を手軽くうまく侑《す》めます。下は酒場《バー》で、椅子、電燈の、それ等にも例の亭主の簡潔な趣味がゆきわたつて、至つて居ごゝろがようございます。

バアは徹宵《てつしよう》開放をやるといつて居ます。しかし徹宵ここにのみあかさうとするのはまだ一寸ないので、まず二時ぐらゐまでを定限として居ます。二時までの客があるかネと、バア、メードに聞くと、帝国ホテルに居る露西亜の方が一人、二時までは店があると聞いて、毎夜定客として、この方が屹度かゝさず毎晩二時まで遊んで居られます。亭主が好んで、酒場《バー》の台の上に「サモーア」を据えて、湯がいつも絶えずたぎつて居ます。露西亜のお方はこれを何よりの嬉しいものゝ一つとして、この上の望みはなるたけ大きな茶碗でお茶をのまして下さいといはれます、ト。

夜の興に炉に茶釜といふ好みはあたゝかき感じがあります。サモーアの好みは丁度それと似て更に陽気な心持ちがします。私は時をりこゝに、冬はよくは知りませんが、甘《うま》い芳《こう》ばしい洋酒の香《かをり》と煙草の香《か》に酔ふのを、夜噺しの興として面白いのを味ひます。

紅白ダンダラ模様の日除けテントは京橋界隈でも相当目立つ店構えだったのだろう。駒蔵の「あちらでは普通です」と、得意気に対応する声が聞こえてくるようだ。それにしても徹夜で営業する方針だったとは驚きだが、毎晩二時まで遊ぶロシア人の客がいたというのも面白い。果たして二階、三階のレストランにはどんな客が出入りしていたのだろうか。

翌年の大正六年六月二十七日には、芥川龍之介の『羅生門』の出版記念会が開催されている。こ

大正6年6月27日芥川龍之介『羅生門』出版記念会

のときの写真には、主役の龍之介はじめ、佐藤春夫、小宮豊隆、谷崎潤一郎、久米正雄ら発起人や、岩野泡鳴、日夏耿之介、中村武羅夫、田村俊子、滝田樗陰、和辻哲郎ら二十三人の出席者らの顔が見える。記念会のテーブルの上に華やかな生花と小さなぼんぼりが三つほど置かれていて、祝賀会の雰囲気がよく出ている。

また同じ年の十一月七日には「鴻乃巣」の三階で、音楽評論の草分けである大田黒元雄による次のような「蓄音機近代楽音楽会」が催されている。

管絃楽の不完全なる本邦に於て近代の交響楽的楽曲の真価を味はんと欲する者は蓄音機に依るの外、他に方法を求むべからず。こゝに於て当社は左記の如き蓄音機近代楽音楽会を開催して、欧米の著名なる管絃楽隊の演奏に成る各種の名曲を博く好楽家の清聴に資せんとす。曲目左記の如く、其の内容の清新、超凡なるは敢て云ふを俟たざるところなり。猶曲目に就ては当日席上に於て大田黒元雄氏の解説あるべし。

これは大田黒元雄の雑誌『音楽と文学』の広告にあったものだと、沼辺信一氏がブログ「私たちは20世紀に生まれた」のなかで紹介している。参加費は茶菓込みで一人五十銭。広告に挙げられている曲目が、ワーグナー「パアシファル」前奏曲やリムスキー・コルサコフ「アンター」第三楽章など八曲と揮《ふる》っている。番外に独唱もあったらしい。

なかでもストラヴィンスキーの「火の鳥」は、一九一〇年にパリ・オペラ座で初演されたばかりのホットな曲であり、日本初演は一九五四年まで待たなければならない。貴重なレコードを大田黒はどこで手に入れたのだろうか。このとき鴻乃巣に上等な蓄音機があったのか、大田黒元雄が持ち込んだものなのか不明だが、音楽愛好家を惹きつける、またとない機会となったのであろう。

また、詩人日夏耿之介は、大正六年十二月に第一詩集『転身の頌』を出版する。これは前出の版画家長谷川潔による装幀挿絵の限定版だったが、翌年一月に鴻乃巣で出版記念会を開いている。日夏によれば、元『假面』同人たちがお膳立てし、芥川龍之介、北原白秋、三木露風、富田砕花、堀口大學、室尾犀星ら二十一名が参集した披露会だったという。

さらに森鷗外が大正十一年七月に死去すると、全集の編纂が企画され、与謝野寛を編纂委員長として組織された委員会は、鴻乃巣で行なわれたこともあった。

これらの記録から、鴻乃巣は京橋に移転したことにより、より大規模な食事会やパーティーができるレストランとして利用されていることがわかる。

京橋時代の鴻乃巣が小説の舞台になったこともある。静岡県沼津市出身の芹沢光治良《こうじろう》の自伝的小説『人間の運命』には、京橋の「鵠の巣」という名で、鴻乃巣の場面が描写されている。主人公次郎が帝大生のころ、兄に呼び出されて「鵠の巣」に行き、階下の喫茶部で赤い酒をのみ、白いエプロン姿の様子のよいウエイトレスのあとを追うようにして二階の食堂で本格的なライス・カレーを食べるというもの。おそらく大正九年ごろのことで、その時代の雰囲気をよく伝えている。

この『人間の運命』の情報を最初に寄せてくれた私の兄は、平成十八年春から駿東郡長泉町にある静岡がんセンターで闘病中、病院内の図書室に特設されていた「芹沢光治良コーナー」で見つけたと、見舞いに訪れた私にコピーを手渡したのだった。兄はその年の十月末、残念ながら帰らぬ人となった。

魯山人の看板

ところで、時計の針を少し戻すが、大正八年ごろ「鴻乃巣」の建物の外観に変化が表われる。店の外に大看板と大提灯が加えられているのだ〔口絵②参照〕。しかも大看板は北大路魯山人が彫ったものだった。白崎秀雄は『北大路魯山人』（平成八年、中央公論社）で次のように書いている。

それは、一辺が二尺五寸から三尺近くもありそうな楠（後できいてわかったのだが）の板三枚に「鴻」「乃」「巣」と彫って、三階建の建物の一階と二階の間あたりに、嵌め込んであった。隷書と篆書とをまぜ合せたような書体で、遠慮も会釈もしないといった筆勢で荒彫りし、したたるような岩緑青を流し込んである。ふつう木彫りの看板は、彫字いっぱいに色をつけてあるのを、その看板は筆勢で字のかすれた個所は個所なりに、顔料をかませて濃淡をつけてあった。いかにも木彫の芸術作品という迫力をたたえ、あたりを払う風情があった。

現存している写真に、その姿を見ることができるが、まったく奔放な字体で「鴻」「乃」「巣」と彫られ、どこから見ても目立つ看板だった。魯山人はこれをたった一晩で彫り上げ、代金は五百円だったと書かれている。

このころ北大路魯山人は同好の友らと頻繁に鴻乃巣に通い、ビールを飲み、ステーキを食べ、駒蔵に京都趣味を吹きかけていたらしい。すっかり影響された駒蔵は、魯山人に看板製作を依頼したのだろう。

これに加えて、店先に吊るした赤い大提灯が目印となって、「鴻乃巣」は西洋料理屋としては異彩を放つ存在に変身していく。いまでこそ、和風趣味の洋食屋は珍しくないが、駒蔵の店はもしかしたら時代を先取りしていたのかもしれない。

この時期の「鴻乃巣」のようすは、柳銀之助の「東京カフェ物語」(『講談雑誌』六巻六号)にも書かれている。

柳は「カフェも酒場《バア》も料理店《レストラン》も一緒にしてゐる日本では、鴻乃巣もカフェ物語のなかに加へられてしまつても仕方ない」としながら、「この店は生粋の仏蘭西料理を食べさせる所謂料理店《レストラント》であつた」といい切って、次のように書いている。

仏蘭西料理は、かなり旨く食べさせる。店頭に大きな提灯がブラ下がつてゐるところや、Restaurant Konosと書いた頭字のRとKだけが紅く、あとは白く染めてあるあたり、ほんとにいゝ気持ちだ。

口絵②の写真をよくみると、三階外壁のアルファベットの看板はスペルが違っているのだが、駒蔵は修正させず、そのままにしていたようだ。

スッポン料理「まるや」開業

「生粋の仏蘭西料理を食べさせるレストラン」が、大正八年ごろから日本趣味・京都趣味にかぶれたのは、北大路魯山人の強烈な影響があったようだが、もうひとつ駒蔵はこの時期、重要な決断を

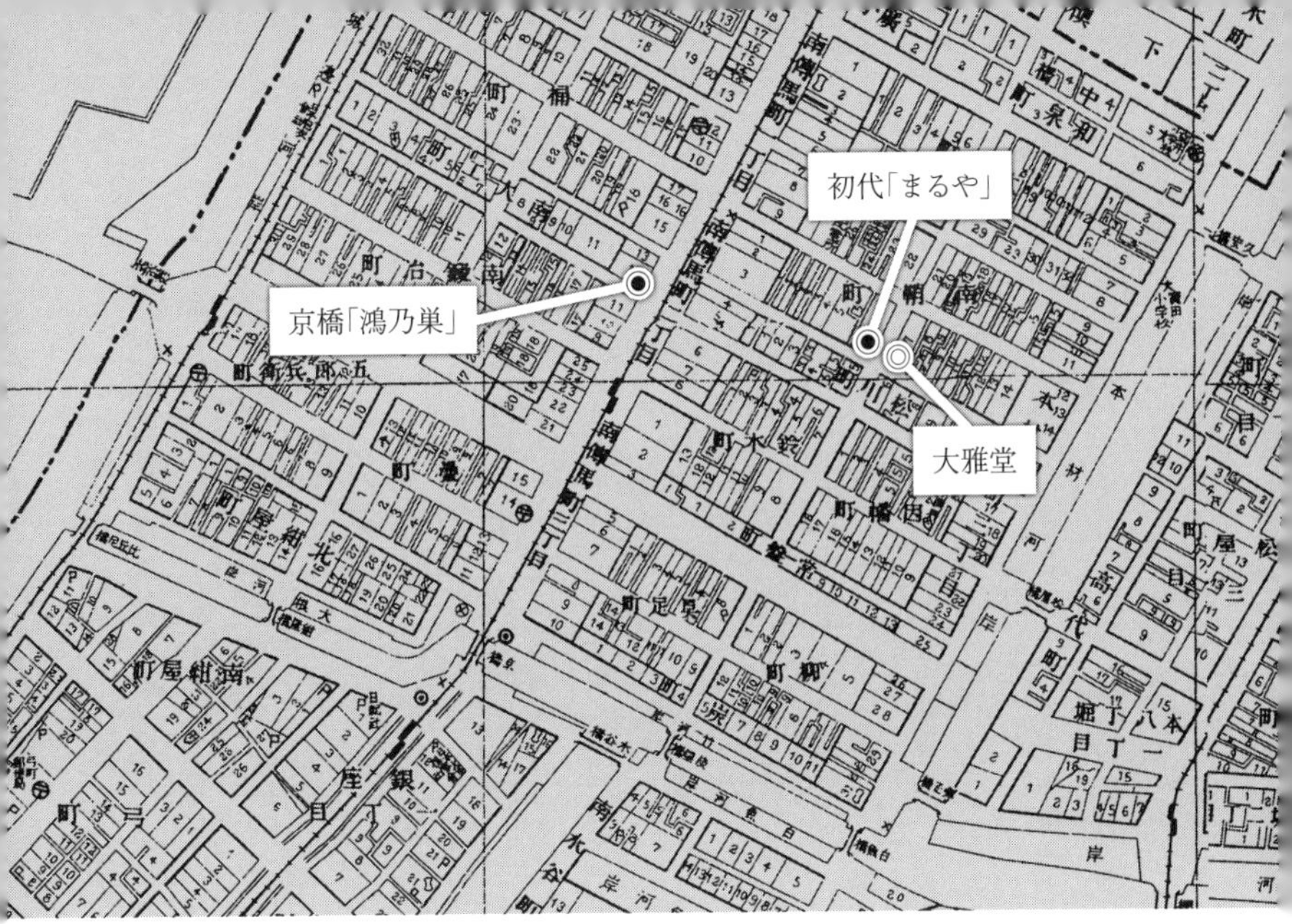

地図5　初代「まるや」（京橋区南鞘町6）　大正8年3月23日～大正12年9月1日

している。なんと、スッポン料理屋「まるや」を開業させたのだ。

「まるや」開業は大正八（一九一九）年三月立春（三月二十二日）のころ、レストラン移転から二年半後のことである。場所は南伝馬町からほど近い南鞘町六、現在地では京橋二丁目八、京橋仲通り付近にあたる。〔巻末地図④〕

この「まるや」開業に魯山人の関与があったのかについては第五章で詳しく述べることにするが、「まるや」の粋な看板「〇《まる》」も魯山人が彫ったものであったという。

魯山人が同じ南鞘町の向かい側に「大雅堂芸術店」を開くのは大正八年の五月、駒蔵の「まるや」開業の三カ月ほどあとのことである。魯山人は、その後店名を大雅堂美術店に改め、やがてその二階で「美食倶楽部」を始めるが、それは大正十年四月になってからのことだとされている。

ともあれ駒蔵は、京橋に「鴻乃巣」と「まるや」の二店舗を経営することで、大都会東京に今度こそしっかりと根を下ろしていく。大正五年から大震災をはさんで大正十四年に亡くなるまでのおよそ十年間が、駒蔵の生涯でもっとも自由に自分らしさを発揮した時期だったが、その間も駒蔵の「普請癖」は止まない。

京橋「鴻乃巣」新装開店

京橋のレストラン鴻乃巣は、その後大正十一（一九二二）年三月に新装開店している。東京朝日新聞に掲載された広告（三月二十四日付）によると、「爽快なる簡易食堂開始　来る廿三日より一週間福引券贈呈。勧業新債券廿枚提供致します。春宵の御散歩に是非とも新装の鴻乃巣へお立ち寄り下さい」とある。これまでバアと喫茶だった一階に、新たに食堂を設置したものらしい。これを「爽快なる簡易食堂」とうたうことで、客層を特別の贔屓《ひいき》客から一般大衆向けに拡大しようとしていたのかもしれない。福引きで勧業銀行の債券を進呈して客寄せする商法は、このころの流行りだったのだろうか。

実はこのときの改築披露の際には、駒蔵自筆の絵を用いた宣伝ポスターが作成されている。これは平成二十（二〇〇八）年九月に出された神田にある古書店のカタログから当方の知るところとなったものだが、これがなかなか素敵な絵柄であった。

ポスター全体を四分割にすると、右上には、RESTAURANT KŌNOSUの文字。ここでは頭文字のRとKだけが紅く、あとは黒で書かれている。その下に改築落成の四文字が正方形に組まれてならび、その横に酒瓶のおかれたバアカウンターの絵。右下は、カウンターの前で寛ぐ紳士の姿。緑色のスーツに黒の山高帽、口には葉巻。曲げ木の椅子に浅く腰掛け、組んだ足もとはなんと赤い靴。小さなテーブルにおいたビールに手を伸ばしている図。左上は新装なった四階建ての鴻乃巣ビル、煙突から暖炉の煙がたなびいている。そして左下は、右記の新聞広告と同じく「爽快なる簡易食堂フランス料理鴻乃巣」の文字。「京橋南伝馬町電京四〇九九」が添えられている。

古書店のカタログによると、このポスターは、駒蔵が柏崎花田屋主人なる人物宛に出した二通の書簡とともに売りに出されたものだが、あわせて十万五千円の値がつけられている。私が問い合わせをしたときにはすでに売れてしまったあとだった。

ちなみに「爽快なる簡易食堂フランス料理鴻乃巣」の文字は、北魏風の鋭角的な書体で書かれており、魯山人筆の可能性が高いとの説もある。

さらにこのポスターの絵柄の一部は、駒蔵の個人雑誌『カフェエ夜話』の表紙として、のちに使われることになる。〔口絵⑦〕

なお、本書カバー装画は、装幀の坂本陽一氏が駒蔵の描いたこの絵柄をアレンジして蘇らせてくれたものである。

メイゾン鴻乃巣の味

鴻乃巣で客は何を食べ、何を飲んだのか、メニューが残されていないので詳しいことは不明だが、客が書いた文章によってわずかに覗き込むことができる。

たとえば小網町時代、木下杢太郎は明治四十三年十二月十日の夕食を鴻乃巣でとっている。Diner avec hareng〔原文ママ、八四頁参照〕と、この日の日記に書いているが、ニシンを前菜にしてのディナーだったのだろうか。翌年四月五日には、「Sherry, Gin-bitter, Ponch, カニのコキール、チキンロース」とあり、かなり豪華版である。懐具合もさることながら、杢太郎の舌はかなり肥えていたのだろう。

鴻乃巣は、はじめからレストラン&バーと名乗っているとおり、洋酒の種類は豊富だった。メイゾン鴻乃巣といえば「五色の酒」とセットで語られているが、カクテルはいうまでもなく、右記のシェリーやジンなど、さまざまな珍酒を五十種用意していると、駒蔵は文芸雑誌の広告にうたっている。

また洋画家の松山省三が、鴻乃巣のミックスコーヒーの味に惹かれてカフェプランタンを始めたと語っていることから、コーヒーもそれなりの本格的な味わいだったのだろう。そしてなによりも、店のカウンターの上にどんと据えられた銀色に輝くサモワールが、鴻乃巣の看板であり、サモワールで淹れた紅茶を楽しみに来店する客も多かった。

西洋料理店「鴻乃巣」が大正五年京橋に移転すると、奥田駒蔵はすっかり文化人を気取って、小文を雑誌に寄稿するようになる。その中には料理の作り方や厨房の衛生に関するもの、まだ東京では珍しかったスッポン料理に関するものもあり、駒蔵の独特の語り口で綴られていて面白い。これにより駒蔵の料理に対する姿勢、はたまた西洋料理のツボを窺い知ることができると思うので、いくつか紹介したい。

大正六年一月の『月刊食道楽』創刊号（食道楽社）に、駒蔵の「純仏蘭西料理と一般洋食店の料理法の相違」という一文が収められている。といってもこれは雑誌社の取材に対し、駒蔵が語ったことを編集したもので、「鴻巣主人述」となっている。

今や西洋料理は一般人の嗜好に適し、益々発展して参ります。それは、時間の経済と、味合が日本料理のやうに単純でなくて、滋養に富んで居るのと、総てが衛生的に出来てゐると云ふ三つの特点があるからだと存じます。然し西洋料理と申しましても、ピンからキリ迄御座いまして、一言には申されませんが、市中に散在する大抵の洋食屋の料理法と云ふのは、実にまち〳〵で御座いまして、玉石混合の型で或店は、砂糖醤油を用ひ、或店では味の素を用ふるといふ風で全く西洋料理とは名許りで、多くは日本式洋食と申す方が適当かと存じます、一例を挙げれば、カツレツ一つにしても、東京一般の洋食店では、肉の薄切りにパン粉を付けて揚げたものを何でもカツレツと称へて居りますが、仏蘭西料理の方では、そんな単純なものでは御座いません。Cotletteカツレツは、犢《うし》、豚、羊、鹿等の肋骨の附いた儘《まま》で料理するので御座います。若し鳥でカツレツを拵へる場合には、必ず他の肋骨の附いた料理の様な風に拵へるので御座います。一般料理店の拵へて居るカツレツと同様の料理は全然無いのでは御座いませんが、材料の変る毎に、名称も変ります。それからカツレツと申すと、人は比較的下等の料理の様に思つて居るのが多い様で御座いますが、前《ぜん》申す通り、真のカツレツは、一匹の犢《うし》で十四五人前しか取れないので御座います。

雑誌記者の取材に対し、小鼻をふくらませて答える駒蔵の声が聞こえてくる。いまでもカツレツとcotletteを厳密に区別することは難しいが、駒蔵にはそれなりのこだわりがあったと見える。

次の大正十三年『主婦の友』四月号に掲載された「家庭向きの仏蘭西料理」は、駒蔵が自分で描いた料理の絵を示して作り方を説明したものである。副題は《極く手軽に出来て美味しい新家庭料理》とある。これぞ駒蔵の味にちがいない。かなり長いので引用は控えるが、献立だけでも紹介しておく。

献　立

一、スープ〔牛肉のコンソメスープ〕
一、ブランシェール・オーリー・オー・シトロン〔blachaille（白魚）のから揚げレモン添え〕
一、プーレ・ア・ラ・ビクトリヤ〔ヴィクトリア風雛鶏（poulet）のロースト〕
一、ロースト・ビーフ・サラド・ワルドーフ〔ローストビーフとヴァルドフ風サラダ〕

一、ババローア・ア・ラ・パナシェ〔三色ババロア〕

スープから始まり、前菜の白魚の空揚げに塩茹ポテトと続き、雛鶏（poulet）は一羽を解体するところから支度するのだから、どの家庭でもできる料理ではない。これにトマトのバターライス詰めなど洒落た一品が添えられている。献立だけではわからないが、鶏のローストに付け合わせるセップ（cèpe）茸が作り方のなかに出てくる。これはイタリアなどに見られる香りの高いキノコの一種だが、駒蔵はそれを生椎茸で代用しているところなど、面白い。メインは牛肉のローストとリンゴのサラダ。デザートは三色ババロア、果物にコーヒーという豪華版だ。

おそらくこれらの品々が鴻乃巣のテーブルをも賑わせたのだろう。

同じく『主婦の友』（大正十二年六月号）の記事に、駒蔵に取材した「西洋食器の洗方と磨方」が掲載されている。副題は「斯うすれば常に清潔と美観を保つ事ができる」。取材した記者は次のように前置きをしている。

仏蘭西料理と言へばすぐ『鴻乃巣』を思ひ起すほどに、同家はあらゆる知識階級に多くの顧客をもつて、同業者の間に厳然頭角を顕してゐます。また主人の奥田氏はその道に優れた腕を持つてゐるばかりでなく、文に詩に歌にそして絵画に、実に多方面に趣味を持つてゐらるゝことで有名であります。次の一篇は、最近同氏からうかゞつた西洋食器の洗方でございますが、永年の経験と徹底したその意見とは、一般家庭の主婦にとつてよい参考になるであらうと思ひます。

「お皿の洗方」からはじまり、「ナイフの磨方」「銀製器の磨方」「スプーンとフォークの磨方」「コップの洗方」「鍋類の洗方」まで、微に入り細に入る説明が書かれている。すべてを紹介することはできないが、最後の「鍋類の洗方」に追加して布巾のことに触れた部分は、プロの料理人としての基本的な心構えがよくあらわれているので、引いておく。

序《ついで》に布巾のことを申し上げておきませう。布巾は一般の御家庭では、晒布《さらしぬの》の小さいものをお用《つか》ひになりますが、余り小さい布《きれ》では充分に美しく拭きあげることができませんから、少し大きめの布がよろしうございます。地質は木綿より麻の方が水分を吸収する力も多く、そして保ちもずつとよろしいです。御承知の通り布巾は非常に汚れ易いのですから、毎日必ず洗濯をしなくてはなりません。汚れたら洗ふといふやうなことにしてゐますと、つい億劫になつて、知らず識らずのうちに鼠色《ねずみいろ》になつてしまひます。毎夕食事の後片付をしてしまつたら、その日に用つた布巾は、全部石鹼で洗ふなり、または曹達《ソーダ》液で煮沸するなりして、必ずその日〳〵に洗ふことにきめておきますと、何時も真白い心持のよい布巾を用ふことができます。

家庭の主婦向きにやさしく語りかけるような駒蔵の声が聞こえてくる。同時に駒蔵のプロとしての矜持も垣間みえる。

第四章　自由人駒蔵の素顔

京橋に店を移転させてから、経済的にも時間的にもゆとりができたのか、駒蔵は自分自身の生活を楽しむようになる。駒蔵の願いは「自由」と「幸福」の追求。日々の仕事はもちろんこなした上で、しかも人を傷つけることなく、自ら楽しむ生活を理想としていた。

なかでも駒蔵がいちばん楽しんだのは、絵を描くこと。周囲から「子供のいたずらのような絵」などと評されても腐ることなく、おのれの画欲を貫き、描くこと自体を心底楽しんでいた。

駒蔵の楽しみは、それだけではない。あるときは夭折の画家を支援し、また自ら設計したアトリエを建て、デッサン教室を開く。あるいは興に任せて歌を詠み、誘われるままに旅に出る。個人で雑誌を刊行するかと思えば、映画にも出る……。

駒蔵の足跡を追っていると、次からつぎへと新たな側面が現れてきて、正直私は面食らってしまったが、この楽しみ方の多様性こそが駒蔵の人間としての最大の魅力であった。

本章では、なんでも面白がって手を出した駒蔵の素顔をのぞいてみることにしよう。

1　画家気どりの鴻巣山人

駒蔵の絵

「鴻乃巣」に集う客たちがさかんに噂する絵や彫刻のことは、店主駒蔵も気になって仕方がなかったのだろう。大正三年十月に上野で開かれていた展覧会に、駒蔵が足を運んでいた姿が目撃されている。武者小路実篤と仲間が志賀直哉宛てに出した絵はがきに、「今日上のであった人。山内吾八、梅原龍三郎、中沢弘光、コーノスおやじ……」と記されている。調べてみると、当時上野で開かれていたのは、二科展と国民美術展だった。

二科展は、それまで美術界を牛耳ってきた文部省美術展覧会（文展）に対抗して、石井柏亭、有島生馬、坂本繁二郎らが在野の公募展として始めたもので、このときが最初の展覧会である。第一回展の目録には、一七五点もの作品が掲載されているが、永瀬義郎、児島喜久雄、鍋井克之、三浦直之、津田青楓、有島生馬、バーナード・リーチ、小杉未醒、坂本繁二郎、石井柏亭など店に出入りしたことがある人物の作品も混じっているところから、駒蔵は二科展を観にいったのではなかろうか。駒蔵はなにごとも自分の目で確かめ、自分の心で感じる質だった。

さて、駒蔵はいつごろから自ら筆をとるようになったのだろうか。誰に習ったわけでもなく、眼の前にあるものをスケッチする。種が尽きると出鱈目な絵を描いたと、自ら随筆に書いているが、私が知りうる限りでは、駒蔵の絵が公にされたのは、大正六年一月の『月刊食道楽』創刊号が最初である。そこに前述の「純仏蘭西料理と一般洋食店の料理法の相違」という駒蔵の談話が収録されているが、その中央に京橋の「レストラン鴻の巣」のようすを描いた挿絵を載せている。

右手のカウンターに鴻の巣名物のサモワール。カウンターの前に男性客二人。一人がガブガブとお茶を飲んでいる。二階に導く大階段にはシュロなどの観葉植物が置かれ、都会のオアシスを演出している。階段を降りてくる女給（おふささんか？）の着物に真っ白なエプロン姿が甲斐甲斐しい。手前の猫がそっと辺りをうかがう。

大正六年といえば、前年十月に京橋店を開店させたばかり。おそらく営業は順調だったのだろう。駒蔵はこのころから絵筆を握るようになったのではないか。

駒蔵が店に来る客にスケッチを見せる。客たちはけっして「下手」とは評さない。「面白い」と笑いながらいってくれるのが嬉しくて、また描く。やがて暇さえあれば筆をとるようになり、自ら鴻巣山人と名乗るころには、自分の店の三階で個展を開いてしまうのだ。

駒蔵は自作展覧会を都合四回開いている。最初は大正八年で、雑誌『芸苑』四号の「閑雲去来」につぎのような記事が掲載されている。

昔のメーゾン鴻ノ巣、今の鴻ノ巣と〇屋《まるや》の主人、鴻巣山人は、文士画家連が盛んに出入りした頃から受けた影響でか、近来は、商売熱心なやうに、絵筆を握る方も却々《なかなか》忠実なものだ。京の榊原紫峰氏、東京では九里四郎、里見弴、与謝野晶子氏などと、大分お歴々迄が、その腕を認めて奨励の辞を惜まないので、愈々いゝ気になつてしまひ、この秋は近作日本画十数点を鴻ノ巣楼上にて陳列して第一回個人展覧会を催すと力んでゐるさうだが、作品が、山人自身に接するよりは、ずつと気持ちのいゝ、中々捨て難い佳作を見せてゐるに至つて、その声価が個人展覧会前に於て物好き仲間で、既に凄い程高くなりまさつた等と言つてしまつては、画家としての山人にケチをつけたことにもならう。

駒蔵の挿絵「京橋鴻乃巣1階」（大正6年1月『月刊食道楽』掲載）

　からかい半分の内容で苦笑するしかないが、駒蔵が周りの錚々たる人々におだてられてすっかり画家気どりになっているようすが目に浮かぶ。駒蔵の絵が、「本人より気持ちのよい出来」などと書かれても、駒蔵はまったく動じていない。第二回目はその二年後の大正十年十一月のこと。同じく鴻乃巣三階で開いた自作日本画展開催は、『美術月報』三巻四号にも展覧会情報として紹介されている。

三回目は一年後の同十一年十一月に同じく鴻乃巣で「鴻巣山人個展」を、さらに四回目が震災後の同十三年十二月、いよいよ銀座での個展となった。

十二月二日の読売新聞は「蛙の百芸展」の見出しで、つぎのような記事を載せて駒蔵の絵とともに個展のようすを紹介している。

■鴻巣山人が三十点の近作画をまとめて昨日から五日迄昼夜銀座明菓売店で開く◇約半数は百態百芸を蛙に演じさせてゐていかにもこの作者らしい無邪気さが『銀ぶら』『角力』『蛙の一日』などに現された◇『果物の□』とか『郊外』とか『釣』とか二面屏風の『森ヶ崎』といつたやうなものには作者の才分のひらめきがくつきりとして来た◇絹本の横物『□山』などになるともう鴻巣山人流ではなくて甚だ玄人めいてしまつて所謂余技らしい面白味はうすれた形だ◇与謝野夫妻の書斎の為に刻した木額『采花荘』の一作は近来の出来栄である◇フランス料理とすつぽん料理では知られた山人もお江戸のまん中でかうして晴ればれしく余技展を催すまでになつたのだ◇箋仕立ての表装までが好みの一面を物語つてゐて不思議に魅力のある小展観である。〔□は判読不明〕

わが家に残る蛙の掛軸〔口絵⑩その一〕はこのときの「蛙百態」の一つだと思われるが、筆が走っていて確かに無邪気さが際立つ描きぶりである。上部には「十二月　鴻巣山人」の墨痕、その下に朱で鴻巣を象った落款がある。「鳥獣戯画」もどきの、蛙のおどけた姿には不思議な魅力がある。夫恵二によれば、この掛軸は、義父一夫が表装し直したらしい。そのとき一部損傷があったため、「鴻巣山人」の欠損部分はあとから一夫が筆を入れて修正している。

駒蔵の描いた絵は、まだほかに残っているのだろうか。

越後柏崎の「ダリヤ」

私がつぎに駒蔵の絵を見たのは、平成二十二（二〇一〇）年柏崎市にある「黒船館」においてだった。絵といっても版画で、駒蔵の描いた日本画を木版画に仕立てたものだった。

ことの発端は、平成二十一年の秋、私が駒蔵のアルバムの最後のページに、越後タイムスの記事「鴻之巣の絵」の切り抜きを発見したことに始まる。このアルバムというのは、義父一夫の遺品を整理した義兄から、駒蔵関連の品々を私が預かったもののうちの一つである。駒蔵が自分の描いた絵の図版を切って貼り付けた作品集のような体裁だが、祖父から子、そして孫に渡る間に、ボール紙の縁はすっかりボロボロになってしまっていた。

余りの古さにしばらく放置してあった新聞記事を、改めて読んでみたところ、驚いたことに、柏崎で「鴻之巣」の絵を特別に設けて展示するとの予告記事であった。新聞の日付は大正十年八月十四日である。

調べてみると、越後タイムスは新潟柏崎で発行されている地方新聞で、明治四十四（一九一一）年に創刊以来ほぼ百年、地域に根ざした文芸の香り高い週刊新聞として続いている。件の記事について早速問い合わせたところ、現在主幹を務めている柴野毅実氏から、大正十年に開催された越後タイムス社主催の「余技展覧会」に関連する記事のコピーなど、貴重な資料が送られてきた。その結果、駒蔵と柏崎とをつなぐ「謎」が次第に解き明かされることになった。

柴野氏によると、越後タイムス社は創刊当時同人制をとっており、同人のなかに中央の文化と深い交流をもつ人物が多かったという。そのなかでも、洲崎義郎は「エロシェンコ像」で知られる画家中村彝《つね》のパトロンを務めていた柏崎の大地主で、大正九年には、中村彝の生前唯一の個展が柏崎で開催されていると、柴野氏は書いている。こうした文化的土壌もあって、越後タイムス社では大正四年から、「趣味展」の名で、同人たちのコレクションを持ち寄って一般に公開する展覧会が開かれており、大正十年には発想を変えた催事として「余技展」が開催されたものだという。

そしてこの柏崎と駒蔵とを結びつけたのは、越後タイムス社同人の吉田正太郎だった。送付された越後タイムスの古い資料を調べると、柏崎の老舗呉服屋「花田屋」の三代目主人吉田正太郎は柏崎の古くからの名士であり、上京のおり東京在住の郷土の友人知人たちと駒蔵の店を会場にして「鴻巣の会」を開き、互いの消息を交換し合っていたことがわかった。つまり、吉田正太郎は鴻乃巣の顧客のひとりとして、駒蔵が絵を描くことや、鴻乃巣で開いた展覧会も見て知っていたのだろう。

大正十年正太郎から余技展への出品依頼を受けた駒蔵は、日本画など十数点と屛風二双を柏崎に送る。展覧会開催に先立ち、八月十四日の越後タイムスに、正太郎が鴻之巣山人とその絵を読者に紹介するために書いたのが、件の記事「鴻之巣の絵」だったのだ。駒蔵が絵を描き始めたころの逸話や絵の面白みを、相当好意的にかつ的を射て表現しているので、いくつか紹介する。

◎鴻之巣氏の絵にもいろ〳〵の特色はあらうが、私に最も感心させられる事は、色の冴え〴〵しい事である。どんな絵具でも鴻之巣氏の筆にかゝると、他人の真似を許さない艶々しさと、滴らむ許りの潤とを出す。此事は画家仲間に一種の不思議とされて居る。

◎鴻之巣氏の絵の推賞者に与謝野夫妻、小杉未醒、久里四郎、有嶋武郎、野長瀬晩花、北大路魯郷〔魯山人〕氏等がある。一昨年か個人展覧会やつたときに、小杉未醒氏は一見「之位の素人画は曾つて見た事がない」と云つた。全く殊にかき始から此頃の絵には、小杉氏の驚くのも無理のないものがあつた。

◎鴻之巣氏は昨年も与謝野氏と沓掛へやつて来たが、本年も亦赤倉へ与謝野氏を追つて来るであらう。出品画のうちに沓掛山の図といふのがあるが与謝野夫妻がさかんに讃をして居るのなんかは、一種の漫画でしかないけれ共、矢張り本職の真似を許さない強さがある。実際鴻之巣氏の絵を見て居ると、大人の自由画らしいものがあつて――子供程には行かないが其代り子供の出来ない沢山いゝものがある――地方の所謂素人、又は本職の絵が死んだやうに乾からびて居るものとは大分違ふ。

与謝野晶子や魯山人まで引き合いに出すなどして、読者の関心を強引に惹こうとする主催者の顔がみえる。要するに、素人の余技もここまでくれば賞賛に値する、私の友人の絵だから見てやってくれ、ということなのだろう。駒蔵の作品は集客の呼び水の役割を担っていたのかもしれない。

吉田正太郎は柏崎小学校卒業後、上京して慶應に学んだが、メイゾン鴻乃巣が創業する前に故郷に戻って老舗の呉服屋「花田屋」を継いでいる。のちに民芸の柳宗悦、北大路魯山人、木版画の棟方志功や川上澄生らと深い交流を重ね、ペリーの黒船来航図などを中心に多彩かつ貴重なコレクションを所蔵するようになる。また彼の弟小五郎はこのころ慶應の学生だが、日本のキリシタン関係の研究を続けながら、慶應幼稚舎の舎長を長く務める教育家となる。また柳宗悦の知遇を得て、日本民芸館の運営にも携わり、石版画、泥絵などの蒐集家としても知られている。現在これらのコレクションは財団法人「黒船館」が管理して公開している。

吉田正太郎の人物像については、孫の直一郎氏が雑誌『民藝』（六九九号、平成二十三年三月）で、祖父の思い出を語っている。「生まれつきの物好きで、独創的で、人の気のつかないことに気づき、殊に美しいものに敏感な」人で、「世間では無価値のものでも、自分が気に入ったものを良しとし、世間が高く評価したものでも、自分が気に入らなければ見向きもしない」人だったという。おそらく正太郎の鑑識眼に、駒蔵の絵が適ったのだろう。花田屋は、現在孫の吉田直一郎氏が五代目を継いでいる。

余技展覧会は八月二十五日のみの開催だった。越後タイムス紙にはその後、鴻巣山人の絵に関する展評なども書かれたため、駒蔵は越後から送られてきた新聞記事を見て小躍りし、早速切り抜いて自分の作品集のアルバムに貼っておいたのだろう。頭をなでて褒められた子供のように、得意げに見せびらかす駒蔵の姿が目に見えるようだ。

さて、柏崎といえば、第三章で触れた駒蔵の花田屋宛て書簡と改築落成記念ポスターのことも頭をかすめる。平成二十二年、私は駒蔵の足跡を求めて柏崎に行くことにした。越後タイムスの柴野毅実氏が案内役を買って出てくれた。

柏崎で柴野氏は、開口一番、黒船館で現在公開中の特別展に「鴻之巣山人」のものが出ているといって私を驚かせた。小雨そぼ降るなか、はやる気持を抑えて黒船館に入ると、特別展「黒船館逸品展」のコーナーがすぐ正面にあり、私はそこで駒蔵の版画「菊」に対面したのである。

この特別展は吉田小五郎のコレクションのなかから、椿貞雄の油絵のほか、清宮彬、川西栄、山本鼎、竹久夢二、奥山儀八郎、浜田庄司、富本憲吉、バーナード・リーチの創作版画を展示したもの。

鴻之巣山人の「菊」は、展示ケースのなかに赤と黄の艶やかな色彩を放って収められていた。夢二や鼎の版画のなかにあって、「どうだ」と胸を張っている。あたかも駒蔵が、八十五年の眠りから覚めて、私がくるのを待っていてくれたかのような気がした。このときの私の佐渡・柏崎をめぐる紀行文は、越後タイムス創刊百年の記念号（平成二十三年一月一日号）から三回にわたって同紙に掲載された。

ところで、この版画「菊」は、その経緯を調べていくうちに、「菊」ではなく「ダリヤ」であることが判明した。

越後タイムスに載っている駒蔵の手紙には、余技展のあと鴻の巣三階で開いた小品展覧会が大成功で、「柘榴」の図、「ダリヤ」の図、「柿」の図などが高値で売れ、しかも商売人が八点買っていったとある。八点のうち三点は渡邊という木版出版業者が買い、近いうちに十二、三度摺のものにして一枚五円で売り出す予定と書かれていたのだ。

黒船館で「菊」と名前のついた版画は、駒蔵の手紙にある「ダリヤ」の図を版画にしたものだと思われる。赤と黄色の二本は、花も葉もよく見ると確かにダリヤである。画面は題名も日付もなく、二本の花の外は鴻巣山人の署名と落款のみだったので、のちに黒船館では「菊」と表示したに違いない。

平成二十四年四月になって、駒蔵の絵を版画に仕立てたのは現在東京銀座八丁目にある渡邊木版美術画舗であることもわかり、その後私たち夫婦は、銀座で「ダリヤ」と「柘榴」の二枚に無事対面を果たすことができた。〔口絵⑧⑨参照〕

渡邊木版美術画舗の三代目店主渡邊章一郎氏の話では、このうち「ダリヤ」は、画面の背景にキラが入っていて、上等なものにしか使われない手法だという。もう一つの「柘榴」（晩秋三種）には葡萄・蜜柑・柘榴の果物が、黄土色の背景にじつに生き生きと描かれている。全体の色の調和といい、果物の質感をよく表現した筆遣いといい、駒蔵の画欲の極地を示す逸品と思われる。駒蔵の原画がないので何ともいえないが、彫師、刷師の腕によって、原画を超える版画ができあがったのではないだろうか。

また章一郎氏によれば、「柘榴」（晩秋三種）の裏に「会食店主奥田氏」との書き込みがあることから、これらの版画は初代渡邊庄三郎が京橋の五郎衛門町に店を構えていた時代に手がけたものだという。店は関東大震災で罹災、その年のうちに銀座の現在地に移転進出している。しかし鴻巣山人が何者であるかが不明だったこともあり、長い間倉庫の奥に眠っていた。一度だけ「大正版画展」が八王子で開催されたとき、展示候補作品に選定されたが、結局表には出さなかったという。

渡邊木版画美術画舗は、もともと浮世絵の輸出を専門にしていたが、初代の発案で「新版画」のジャンルを開拓、伊東深水や川瀬巴水らによる木版画を取り扱っていることで知られている。

鴻巣山人の版画が、この東京の地で震災・戦災をかいくぐって存在することは真に感動に値するできごとだと思う。

もう一つ、柏崎と駒蔵の絵に関することで新しい発見があった。嬉しいことに、その後の黒船館側の調査で、柏崎の吉田家に別の駒蔵の絵や屏風の存在が確認できたことである。平成二十二年十二月の黒船館館長の大竹信雄氏の報告によれば、次の三点である。

一、「柿」（絹本）　大正十年秋　未表装（縦二十五センチ×横三十一センチ）

二、「蛙」（屏風）　大正十年夏日〔口絵⑪参照〕

三、「万年青《おもと》」（掛軸）

その後私は柏崎を訪れる機会がないままだが、近いうちに必ずこの目で確認し、駒蔵の声を聞きたいと念じている。

夭折の画家・関根正二

夫の兄鴻一が祖父の思い出を綴った覚え書きに、青木繁の絵に関することがあった。

「僕の覚えが間違っていなければ、家の応接間に青木繁の『大漁』という題だと思いましたが、裸身の漁夫達が列をなして大きな魚を担いでいる有名な絵がかかっていたそうです。父ははっきりは云いませんでしたが、借金のかたにとられてしまったようです」。

これは義兄が父一夫から聞いた話として書いていることだが、駒蔵が文士や芸術家に大盤振る舞いするのが好きで、死んだとき大分借財があったため、まだ学生だった一夫はその処理に苦労したとの話が前段にある。それにしても、家の応接間にかかっていた青木繁の「大漁」とは何だろう。「裸身の漁夫達が列をなして大きな魚を担いでいる有名な絵」なら、私でも知っている「海の幸」ではないのだろうか。まさかそんな有名な絵が奥田の家にあったなんて、ほんとうかしらと、ずっと気になっていた。

平成十七（二〇〇五）年の夏、東京のブリヂストン美術館で青木繁展が開催されたとき、新聞に「海の幸」のことが詳しく報じられていた。来歴についてなにか情報が得られるかもしれないと美術館に電話すると、対応した学芸員の方が私の愚問をていねいに聞いてくれたのだ。

驚いたのは、そのあとの学芸員の話だ。いま東京にきている青木繁の「海の幸」は、久留米にある石橋美術館の所蔵品である。残念ながら来歴上奥田所有との記録はない。しかし、ブリヂストン美術館には関根正二の「子供」という油絵があり、かつて奥田駒蔵が所有していたという記録がある、というのだ。この電話の向うの人こそブリヂストン美術館の貝塚健氏で、やがて私を駒蔵研究に導く運命の女（男）神となる方だ。

貝塚氏の話では、ブリヂストン美術館の学芸員になると、必ず一人に一つの所蔵作品が割り当てられ、その作品について専門的な研究調査が課せられるシステムだという。貝塚氏の担当が関根正二の油絵「子供」で、私が電話したときは夭折の画家関根のこと、「子供」の来歴などまだ調査の段階であった。その途上でさまざまな場面に登場するなぞの人物奥田駒蔵を調べている最中だったのだ。

「この半年間、いろいろと捜していた人物の血縁の方からのお電話にたいへん驚きました。たまたま学芸員で私だけが席にいた、という幸運もあり、これも何かのご縁だと思います」と、貝塚氏はあとの手紙に書いている。ふと思いついて電話した私、そこにたまたま応対した貝塚氏、これはまさに駒蔵が呼び込んだ不思議な偶然というしかない。

貝塚氏から送られた図版「子供」の、赤と水色の明るく奥行きのある画面に私の目は釘づけになった。この赤こそが「関根正二のヴァーミリオン」と呼ばれる色づかいだという。おそらく駒蔵が愛して止まなかったその明るくこだわりのない絵に、私は所蔵していたころの駒蔵の魂の声を聞いたのだった。

貝塚氏によれば関根正二と駒蔵の関連は、つぎの三点に絞られる。

一、駒蔵はある時期、関根正二の「子供」を所有していた。

二、駒蔵は、関根正二死去後、遺作画集の編纂に関わったことがある。

三、駒蔵は、「子供」だけでなく十一点の油彩作品の所有者であった。

これらのことがらの根拠を示す資料が、大正十年八月十七日付読売新聞掲載のコラム「ビールの泡」であった。

◇一昨年六月、廿一で夭折した天才画家関根正二君を追慕し、その遺された芸術を熱愛する人たちによつて、遺作画集の編纂が着手された◇主として骨を折つてゐるのは鴻の巣の主人なる鴻巣山人と、洋画家瀬津伊之助氏等で、右画集には遺作油絵三十点、素描八十点、並びに遺稿を網羅し、一千部に限り一部値廿円で頒つ計画なさうだ◇それに就ても思ひ出されるのは関根君が第五回目の二科展で樗牛賞を得た出世作「信仰の悲しみ」だが、この原画は今兜町辺の村上濱吉といふ人の手許にあつて、当時八十円とかで買取られたものだと云ふ◇去る呉服屋さんの若旦那で余り絵画蒐集に凝るので禁治産の宣告を受けかゝつてゐるといふ変り者が、最近買ひ入れた二枚折り「楽器を持てる女」は、千百五十円といふ関根君の作としては記録破りであつた◇で、此等の二点が今度の画集に収められるのは勿論、瀬津氏所蔵の「死のおどり」外数点鴻巣山人所蔵の油絵十一点、小説家久米正雄氏所蔵の数点など、準備は大分整ひかけてゐるので、目下その出版費用一万五千円の調達に奔走中だとの話。

この遺作画集の編纂作業は、その年の五月から鴻乃巣を会場にして始まり、八月には費用調達の段階に来ていたが、結果的には完成をみることなく、頓挫したらしい。資金繰りが不調だったのだろうか、理由は不明である。

酒井忠康著『関根正二　遺稿・追想』の年譜によると、関根正二は明治三十二（一八九九）年福島県生まれ、九歳のとき上京、十四歳ごろから絵を描き始める。一時甲信越地方に無銭放浪の旅をし、十六歳のとき第二回二科展に出品した「死を思ふ日」が入賞する。大正七年、持病だった蓄膿症の手術の経過が思わしくなく、神経衰弱が嵩じ、このころから奇矯な行動が目立つようになる。六月には日比谷の松本楼で幻覚が現れ、警察に拘留される。新聞に「発狂した青年美術家」と書き立てられたりした。この年の第五回二科展に「信仰の悲しみ」「姉弟」「自画像」を出品、樗牛賞を受賞している。

その後スペイン風邪に肺炎を併発し、大正八（一九一九）年病床の中で「慰められつゝ悩む」「三星」「自画像」を制作。母や姉の助けを借りながら「慰められつゝ悩む」に署名しようとするが果たせず、その年の六月深川の自宅で死去する。わずか二十年の命だった。短命だったということは、関根正二の絵は少ないということだ。

私はかつて訪れたことのある信州上田市の信濃デッサン館に関根の作品があったことを思い出し、以前に書いた拙文を同封して駒蔵来歴の作品があるかどうか、念のため照会してみた。館長の窪島誠一郎氏の返信には、「芝居にでもしたいような雰囲気にあふれた駒蔵とメイゾン鴻乃巣、さらに関根正二とのミステリアスなつながりに非常に興味を覚えた」としながらも、「当館にある関根作品の中に奥田駒蔵所蔵のものがあるかどうかは判然としない」と書かれていた。

はたして駒蔵が所持していた関根正二の油絵十一点とは、「子供」以外はどんな絵だったのか。デッサンもいくつか持っていたと思われるが、果たしてそれはその後誰の手に渡ったのか。そもそも駒蔵と正二の接点は何だったのか。

前述の『関根正二　遺稿・追想』から、さらにいくつかの情報が得られた。

一つは、この本に収められている「画家の言葉」と関根正二の日記である。

あとがきによれば、この日記は駒蔵とともに遺作画集の編纂にあたった瀬津伊之助氏が所持していたものだという。正確な日付がないものも多く、断片的にちりばめられた言葉などから、正二の精神の有り様とこころの懊悩が聞き取れる。

たとえば、「暗き中に一点の光りあり。／それを俺は見て居る／神を知る人は、或る感情に俗界に通俗な風姿をする。」「霊肉の一致、神人の間。／神は何処に有りて崇め奉るか。／悲くも神の何たるやを知るまい」。

いずれも一九一五年の記述、正二はまだ十六歳である。

大正六年七月二十三日の日記には鴻乃巣が登場している。

絵具が無くなつたので悲感す。実際俺は悲しい、人の様に働くことが出来な（い）。絵を描いても売る事が出来ない。そして人に貧を云ふ事の出来な（い）性を持つて生れた自分は、ほんとうに悲しい。

母に云て五十銭を貰い、喜んで文房堂へ飛んで行き、三十五銭でシルバホワイトを買い求む。十五銭の残金で渋谷の上野山氏を訪ね、愉快に話す。午後七時頃から、素木《しらき》、上野山自分三人に桜子四人で、日本橋の辻村へ行き、上野山は電話で本郷の雑誌店へ金を取りに行く。素木と俺と桜子三人で二階で待つ。

八時頃上野山帰る、四人で江の巣へ入りビールを飲む。不快なので出る。自由な所のない厭な所だ。京橋迄歩き、素木車に乗り、笹屋へ行き、飲（み）食いす。愉快だつた。

十時頃四人で銀座から、電車で帰る。そうして寝る。白い小さなカヤに四人一緒に。

「江の巣」は鴻乃巣のこと。大正六年のことだから、京橋店に出かけたことになる。正二は、鴻乃巣の自由のないところを不快に感じている。第三章で触れたように、正二は大正五年十月、二科会の懇親会で木原店時代の鴻乃巣に行き、鍋井克之らと徹夜している。しかし大きな店構えとなった京橋のレストラン鴻乃巣に、正二はかえって居心地の悪さを覚えたのかもしれない。

もう一つの情報は、大正八年正二死去のあと、九月に兜屋画堂で遺作展覧会が開かれたときの全出品リスト七十七点が掲載されていることである。それを分類すると、油彩四十三点、ペン画二十二点、パステル六点、水彩三点、木炭二点、墨一点となる。またすでに個人蔵の作品は二十三点あり、非売品は七点あるので、残り四十七点はこの展覧会で売られたものとみなされる。

駒蔵が所蔵していたという十一点の油彩画が遺作展覧会で購入したものだとすれば、出品目録のうち個人蔵と非売品と表示されているもの以外、つまり値段がつけられている作品だったにちがいない。

ところで、平成二十四年になって、ブリヂストン美術館の貝塚氏が「関根正二《子供》のいま」と題する研究報告を館報（石橋財団ブリヂストン美術館・石橋美術館）に発表した。貝塚氏のおよそ十年に及ぶ調査研究の成果である。科学的な分析など詳しくはその報告に譲るが、駒蔵関連部分を抜き出すと次のようになる。

一、「子供」は、現在存在が確認されている関根正二の三十点の油彩画のうちで、最後の作品である。短い画業ながら正二の最晩年の様式を物語っている。

二、奥田駒蔵は大正八年九月に兜屋画堂で開かれた「関根正二遺作展覧会」のとき、「子供」を購入したものと考えられる。翌年九月の『美術写真画報』に川路柳虹の書いた記事「夭折したる二人の画家——関根正二と村山槐多の作品について」に、挿絵として掲載された「子供」に鴻之巣山人蔵とのキャプションが付されている。

三、「子供」は、駒蔵の手元から京都、神戸を経て、昭和三十一（一九五六）年石橋財団に渡っている。

実は駒蔵が持っていた関根正二の作品は、油絵だけではない。

駒蔵の個人雑誌『カフェエ夜話』創刊号七ページに、「故関根氏遺稿より」として三体の男性裸体のデッサン画が載っている。横に「1916」と年数が読み取れることから、前述の遺作展目録のデッサンのうち、「習作」（二十五円）、「労働者の群」（十五円）のいずれかの部分である可能性が考えられる。

さらに「関根正二研究所」を主宰する植田智晴氏によれば、貝塚氏の報告書にある『美術写真画報』（一巻八号）には、もう一枚の「鴻巣山人蔵」の図版「エスキース」が掲載されているという。図版だけでは「エスキース」がデッサンかどうかは不明だが、少なくとも、駒蔵が油絵十一点以外にも数点の関根作品を所有していたことは確かだ。

駒蔵は関根正二の作品購入に、どれほどの金額を叩《はた》いたのだろうか。すでにこのころ自分なりに絵を描き始めた駒蔵は、関根の絵を身近においてのべつ眺めては、習作の手本にしていたのかもしれない。

いずれにしても、大正十四年の駒蔵急死によって、借金の支払いのためこれらの作品はすべて売却され、奥田家に一つも残らなかったことだけは事実である。

アトリエ「鳩の家」

駒蔵は、画欲が嵩じてユニークなアトリエを建てる。ときは大正十年秋、場所は荏原郡蒲田村北蒲田（現在の大田区蒲田）。駒蔵はこのアトリエを「鳩の家」と名づけている。鳩は平和を意味していると駒蔵は書いている。

雑誌『郊外』創刊号（大正十二年四月）に掲載されている駒蔵の随筆「わたしの建てた鳩の家」は、アトリエ建設の経緯を綴ったものだが、彼の飄々とした感性がよく表れている文章なので、長いが引用する。

一昨年の菖蒲の花の咲く頃でした。私は久しぶりで昔し世話になつた事のある蒲田の吉田病院長を訪ねた。一日内に居ると頭が重くなると云ふ外出好きの私の事ですから別に何の目的もなく、麗らかな初夏の気分に誘われて、ふらふらと出掛けて行つたのでした。

いつも快闊で気軽な院長は地続きの菖蒲園へ私を案内して呉れました。毎年花の頃だけ茶店を掛けて園内を見せる菖蒲園の中には、かなり大仕掛けの茶店が開かれてあつた。（但し入場料廿銭は、大分苦情があつたらしい）、近郷の人らしい老人が「何だ五銭のネウチもありやしない」と云つて居るのが私の耳に這入つた。

花は満開と云ふ程でもないが、光琳の画に見るやうな、大輪の花がエメラルドの葉の中にいかにもあでやかに、すがすがしく咲いて居るのを眺めて、二人はビールを飲みながら、夕陽の落ちて行く蒼空の下で話し合つて居た。

「兎に角蒲田の近年の発展は素晴しいものだ、コッチへ住居でも建てゝはどうです」と、云ふやうな話から「画室でも建てましやうかナア、地所を一ッ世話して下さい」と云つたのが初まりでトオトオほんとうに建てる事になつた訳です。

私は或る時Y先生に、私の生活は食、色、画、の三欲生活ですと云つて笑われた事があります。それ程私は自分の生活を単純に考へて居る者です。私は一寸の間も無為に過す事を好みませんから暇さへあれば、画を描きます。画を描くと云つても習つた訳ではありませんから目の前にある物をスケッチします。同じ物を幾度も描くと面白くありませんから種が尽きると、出鱈目の画を描きます。中にも蛙の玉乗りだの、蛙の角力だの、踊なぞを好んで描きます。それから魚釣りをして居る人を描く事もあります。又家を描いて屋根に花が咲いて居たり、鳥が止まつて居る画なぞもよく描く事があります。

吉田院長のお蔭で北蒲田の竹藪と欅の大木のある静かな地所を借りる事が出来た。

愈々画室を建てる事になつたが、ドンナ家を建てゝいゝか解らない。第一画を描くには明るくなくては困る、と云つて明るいばかりで物置きのやうでもいやになる。画室へ這入ると気持のよくなるやうな、感じのいゝ家を建てたい、と思つたので私は理想的な家を何枚も画に描て見たが中々気に入つた形ちの家は書けない。結局常から無意識に描て居た家の形ちが一番気に入つたので、其家を画に描て大工さんと相談すると私の画の通りに建てると厚板が沢山入るばかりでなく手間が大変だと云ふ。然し私は大工さんのソロバンカラ割出した通りの家を建てると面白くない家になりそうな気がするので、トオトオ私の画の通りの家を建てる事にした。

四百坪の地所の真中へ十七畳敷の大きさでこの挿画にある通りの家が出来上りました。建具は全部朱ぬりで、龍宮を見るやうです。中の天井は屋根裏に成つて居るのです。棰木《たるき》は緑青と朱とでぬり上げ、外《ほか》は全部金色を用ひました。天井の高さが棟の所では十七八尺ありますからかなり高いものです。そしてヒサシの出て居る所へ黒い二本の柱を顕してそれを簾の代りに用ひました。一本の方へは「相見亦無事、不来忽憶君」、モー一本の方へは「意中常満十分春、得三昧画理自通」と書て、自ら鑿を持つてコツコツと彫り初めました。三日の後には全部刻り上げて字の中へ胡粉を入れました。

次に屋根へ上げてある鳩に付て語らねばなりません。

ある夏、根岸の岡野翁と不忍池畔の笑福亭で池を渡つて来る涼風に吹かれながら窓近くに咲く白蓮の花を眺めて夕御飯を頂いた事がある。其時座に呼ばれて来た芸者の中に福助と云ふ江戸ッ児肌の女が居た。福助は江戸ッ児気質の中にも新し味があり近代人の悩みと理解とを持つて居る敏感な性質を備へて居る女であつた。私の気持ちとスッカリ合つて、一夕の歓をつくした。私は元来芸者には縁の遠い方であつたがそれ以来私は福助と友人同様に心安くして居る。福助の生家が今戸焼の元祖で今もつて実兄が其業を続けて居るので「鳩」はそこの工場で焼て貰ふ事になつたのです。

霜月の寒い雨の降る日にフト鳩を拵へて見たいと云ふ気持ちになつて早速タクシーで出掛けて行つた。店と工場とは二三丁離れて居るので、実兄が案内して呉れた。数人の職工が薄暗い中でゴム靴の形を頻りに拵へて居る。土を少しかたい目にネッテ貰ひ轆轤《ろくろ》を借りて洋服のまゝで早速鳩の形ちを作り上げた。不要な部分は針金で切り落して暫くの間に二個の鳩を仕上げてしまつた。待つて居た運転手の話によると一時間余りかゝつたと云ふ事でした。

数日の後に焼き上つたのを届けて呉れた。割合によくで来て居た。其後福助に逢つてお礼を云ふと、「余り手早く拵えたので職人が驚いて居たそうです。素人だと云つてもほんとうにしなかつたと兄が云つて居ました」と福助が賞めてくれた。

私は一ツの鳩を緑青色に、一ッを薄紺と紅色の画の具で彩色して店の棚へ載せて置た。私の友人は君の画よりも此鳩の方がよほど面白いと云つて居た。その鳩は私がぬつた色はハゲたまゝで今でも屋根の上に止まつて居て呉れる。

私は気に向くと鳩の家へ出掛けて行く。そして遠くから鳩を眺めて家に近づく。留守する人が居る訳ではないからポケットから鍵を出して中へ這入る。赤い戸を開けはなして安楽椅子へ腰をおろす。莨《たばこ》をポカリポカリ吹かしながら黒い柱の字を読む……。

相　見　亦　無　事　不　来　忽　憶　君

表へ鋤を持ち出して土を掘り返す。腰が痛くなると屋根の鳩を眺めて一休みする。

今年は芋が沢山出来た。

赤いトマトが鈴なりになつた。

コスモスがメチャクチャに咲いた。

紫のリラの花が咲いてなまめいた女の香がした。真紅のバラが素晴しく大きくにほやかに私の庭を飾つて呉れた。
前から残つて居た、金龍草の朱の花が燃えるやうに波を打つた。
小学校の先生が沢山の生徒を連れて鳩の家をスケッチに来た。
或日此家は何様が祭つてあるかと尋ねた人があつたさうだ。

この文章には駒蔵の筆になる「鳩の家の図」〔口絵⑫〕が挿絵として付されている。寺院の庫裏《くり》のような唐破風の奇妙な家、屋根に二羽の鳩が鴟尾《しび》のように乗っている。庭に掘られた井戸に、ポンプの長い柄が見える。箒を携えて立つ翁は駒蔵か。二匹の蛙が「面白い家だね」といいたげに笑っている。

庭には絵になる材料として梅二十本、桃二十本、そのほか枇杷、柿、草花などを沢山植え、駒蔵は自分の「天国を造り上げ」たのだ。

ここに書かれている「根岸の岡野翁」とは、俳人岡野知十のこと。知十の句集『鶯日《おうじつ》』の「坤」のなかに「鳩の家こすもす乱れ〳〵咲く」がある。またY先生とは与謝野寛のことだろうか。駒蔵の三欲の話は里見弴も沖野岩三郎も書いているので、友人知人の間に流布されたものだったのだろう。今戸焼は江戸中期以降、隅田川の西岸、現在の台東区今戸の地に発達した製陶業である。土器を主体とし、土人形、瓦、火鉢、植木鉢など、江戸市中で使われた日用雑器を中心に作られていたらしい。

この「鳩の家」のあった北蒲田とはどこか、菖蒲園とは何か、大田区郷土博物館で調査してもらったところ、詳細な報告があった。

まず「北蒲田」については、『蒲田郷土史』掲載の大正八年の地図によれば、北蒲田は当時の荏原郡蒲田村の北部にあたり、蒲田駅の北側、呑川《のみかわ》より北の菖蒲園や蒲田尋常高等小学校、東には梅屋敷を含み、東海道線より西をも包括する位置にある。現在の西蒲田の一部、蒲田一～三丁目、東蒲田の一部にあたる。

蒲田の菖蒲園は明治三十六年に横浜植木株式会社によって開設されたもので、鉄砲百合とともにアメリカ向けの輸出花卉《かき》栽培の圃場だったそうだ。約三万坪の菖蒲園は、開花期には多くの見物客で賑わう花の名所だった。しかし大正十年には規模を縮小、やがて閉園となるが、園地は継続して横浜植木株式会社の所有地だったそうだ。さらにその用地は昭和七年には蒲田区役所となり、戦後は蒲田小学校となっている。菖蒲園のあったことは、いまではわずかに呑川に架かる「あやめ橋」にその名をとどめているにすぎない。

駒蔵が大正十年の五月ごろ出会った「蒲田の吉田病院長」は、『蒲田町史』によれば、吉田直治という人物にあたる。彼は旧姓を井田といい、大正二年四月に井田医院を開業、その後改姓し大正十年二月吉田病院を開業した。吉田直治は、のちに蒲田村が東京市に編入されてから市議会議員も務めている。

なお、「鳩の家」が蒲田のどの辺りにあったのかは、具体的な地番が不明のため特定できない。四百坪の敷地にコスモスなど季節の花が咲き乱れ、小学生たちが先生に引率されて鳩の家をスケッチにきたというのだから、蒲田尋常小学校にもほど近いところだったと思われる。

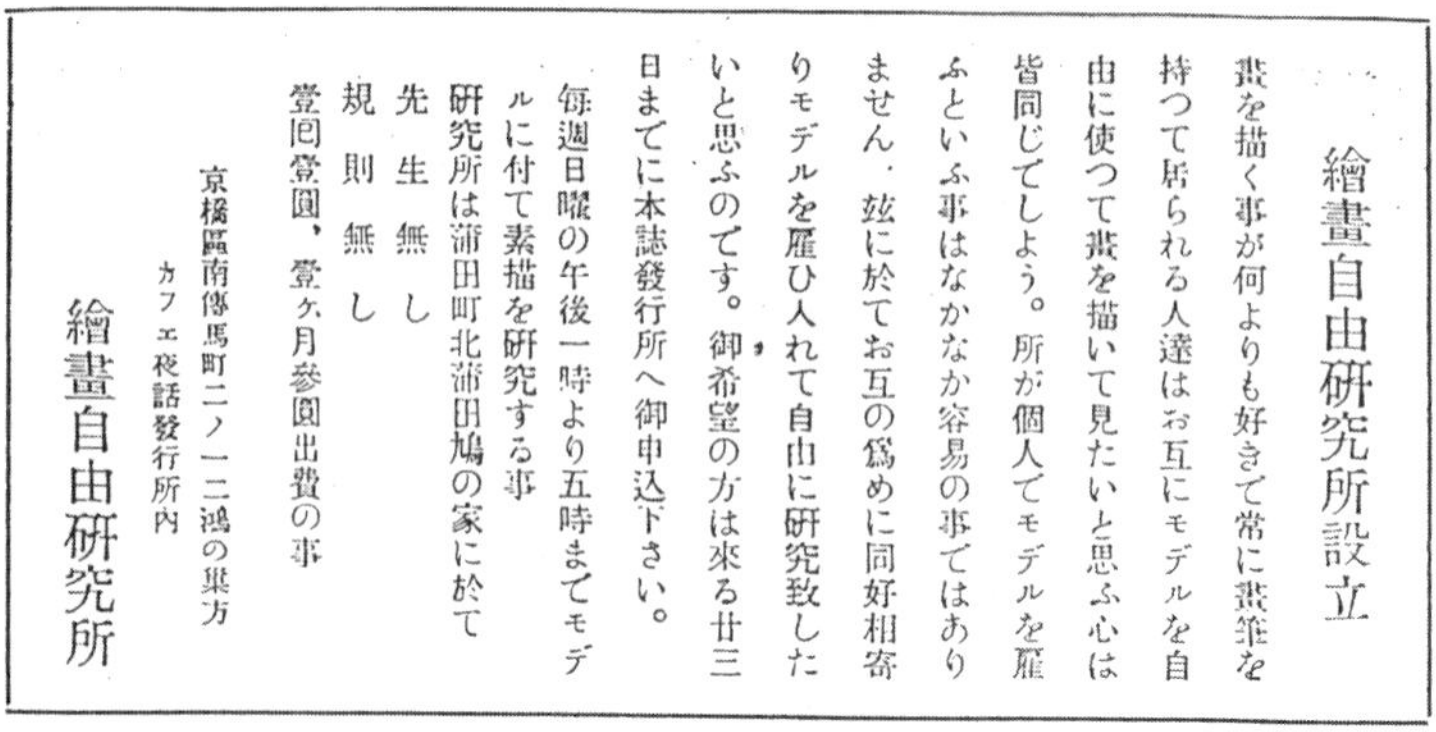

繪畫自由研究所設立

畫を描く事が何よりも好きで常に畫筆を持つて居られる人達はお互にモデルを自由に使つて畫を描いて見たいと思ふ心は皆同じでしよう。所が個人でモデルを雇ふといふ事はなかなか容易の事ではありません。玆に於てお互の爲めに同好相寄りモデルを雇ひ入れて自由に研究致したいと思ふのです。御希望の方は來る廿三日までに本誌發行所へ御申込下さい。

每週日曜の午後一時より五時までモデルに付て素描を研究する事
研究所は蒲田町北蒲田鳩の家に於て
先生無し
規則無し
壹囘壹圓，壹ヶ月參圓出費の事

京橋區南傳馬町二ノ一二鴻の巣方
カフエ夜話發行所內
繪畫自由研究所

「絵画自由研究所設立広告」（大正12年5月『カフェエ夜話』5月号掲載）

参考に、前述の駒蔵の妻ヨネの妹夫婦がのちに移籍した住所「北蒲田五九五」は、現在の蒲田一丁目十三番の十二・十三にあたり、蒲田小学校とは一〇〇メートルほどしか離れていない。私はここが「鳩の家」の所在地の可能性もあると考えている。

さて、駒蔵にとっての理想郷「鳩の家」では、「絵画自由研究所」と称して、モデルを雇い入れてのデッサン会が開かれたりしたこともあったらしい。毎週日曜午後の四時間開催で、参加費は一カ月三円、先生なし、規則なしとの触れ込みの募集広告を出している。

また日本画家の野長瀬《のながせ》晩花《ばんか》が大正十一年十月フランスから帰国し、翌年上京のおり鴻乃巣に立ち寄ったとき、駒蔵に「時々東京へ来て創作したいから、何所かに適当な家を見つけてほしい」と持ちかけたのに対し、駒蔵は「私の蒲田の鳩の家（アトリエ）が空いて居るから使ってはどうです」と提案したりしている。

この「鳩の家」は、実は関東大震災のあと大活躍するのだが、それについては第五章で書くことにする。

2　多彩なる旅の足跡

与謝野晶子の旅と文化学院

駒蔵は大正九年ごろから、店の合間を縫って、与謝野寛・晶子たちの旅に何度か同行している。沖良機著『資料　与謝野晶子と旅』によれば、駒蔵は大正九年八月の長野星野温泉行きを皮切りに、大正十三年十月の京都行きまで、およそ四年間で七回晶子たちの旅の同行者として名を連ねていることがわかる。

沖氏の著書から駒蔵（奥田鴻巣）が同行した七回の旅を書き出してみる。

①　大正九年八月十五日〜二十一日　長野星野温泉・群馬磯部温泉
　同行者：河崎夏子・西村伊作・伊上凡骨・近江湖雄三・奥田鴻巣

②　大正十年三月三十日〜　神奈川箱根・静岡堂ヶ島温泉

同行者：高木藤太郎・西村伊作・渡邉湖畔・伊藤伊八・奥田鴻巣

③　大正十年九月　東京武蔵浅川・山梨上野原
同行者：真下喜太郎・平野萬里・伊上凡骨・奥田鴻巣

④　大正十年十月十九日〜二十日　房州（千葉）北條・那古
同行者：高村光太郎夫妻・平野萬里・西村伊作・真下喜太郎・伊上凡骨・奥田鴻巣・深尾須磨子・西村あや子・楠田綾子

⑤　大正十二年三月十二日〜十四日　静岡伊豆山温泉・熱海
同行者：西村伊作・渡邉湖畔・高木藤太郎・奥田鴻巣

⑥　大正十二年八月二日〜五日　神奈川箱根・富士五湖
同行者：奥田鴻巣

⑦　大正十三年十月十三日〜十六日　京都市内・宇治
同行者：関戸信次・奥田鴻巣

与謝野夫妻、とくに晶子にとって、旅はどんな意味をもっていたのだろうか。

明治四十五年には寛を追って六カ月の長きにわたり、パリや欧州の諸都市に遊んだ晶子だが、多産のため末の藤子誕生（大正八年三月）までの期間の旅はそれほど多くない。

沖氏は、旅は晶子にとって「旅かせぎ」の機会であったという。この言葉は一見奇異な感じを与えるが、晶子自身が心を許す友平野萬里宛ての手紙のなかで、「近年は旅かせぎを二三度いたして生活の調整をいたしおり候」と書いている。絶えず火の車であった家計を工面するためにも、後援者あるいはパトロンのついた招待旅行に出かけては歌会や講演をこなし、夜遅くまで色紙や短冊に揮毫する。堺の商家に育った晶子には、「ただ金」は貰えないという気持がつねにあり、「旅かせぎ」の言葉が思わずこぼれ出たものと沖氏は書いている。とくに昭和に入ってからの頻繁な旅はこの側面が強かったという。

だが、駒蔵が同行した大正年間後半の旅は、晶子の旅の中ではまだ「旅を楽しむ余裕」があった時期のもの。そのなかでも最初の大正九年の星野温泉行きの旅については、参加した駒蔵のようすを伝える文章が残っていて興味深い。鴻巣山人のような少々毛色の異なる人物を混ぜたわけが見えてくる。

この旅は西村伊作が文化学院創設の相談のために与謝野夫妻を呼び寄せたもので、他の同行者は晶子が声をかけて集めたのだろう。伊作は長女アヤと長男久二、姪の大石鱶《ふか》（大石誠之助の娘）も連れている。

紀州の山林地主だった西村伊作は、翌年の大正十年に尋常高等小学校を卒業する長女のために、小さくても自由で芸術の香りのする善い学校をつくりたいという、まるで夢のような「坊ちゃん風な空想」を持っていて、その空想を現実のものとするための相談だった。幸い伊作には東京お茶の水駿河台にホテル建設用に取得した土地があり、学校創設に賛同した与謝野夫妻は、河崎なつ（夏子）や画家の石井柏亭らと早速設立の準備に着手し、大正十年四月に文化学院は各種学校として船出することになる。

同行した河崎なつは、のちに星野温泉での思い出を「学校の朝」の題で『月刊文化学院』十七号に寄せている。

恰度二十二年前の夏でした。長野県沓掛の千ヶ滝が拓かれた二年目で、今の星野温泉がぽつりと一軒、谷川添ひに見下ろせる丘の上の別荘に、与謝野寛晶子両先生は、新宮から出て来られた西村伊作さんを迎えて、伊上凡骨さん、鴻之巣山人、高木藤太郎さん方と一緒に、一週間ほど暮しました。そこへ私も二日ほど後れて参加したのです。

千曲川の谷を隔てて、南方の空を限っている八ツ岳が、朝日夕日につれて変る山肌の色の美しいのを、皆でスケッチしたり、処女地千ヶ滝の新緑を書き続けてゐた沖野岩三郎さんを訪問したり、更に馬車を離山の麓を走らせて、軽井沢の奥に、有島武郎さんを訪ねて文学の話をしたり、二科の制作に精進してゐらした有島生馬さんを訪ねて、その絵を見せて戴いたりなかなか楽しい生活でした。

ことに楽しかったのは朝の共同炊事で、コンビーフの缶を手際よく開けて下さるのは西村さんで、それを鴻之巣さんは商売柄薄く切ると、晶子さんはまた、「子供の頃、お店の煉《ねり》羊かんを切りましたからね」と言葉どおりにサクサクと、パンを一分の厚さに切って行くのです。私がオヅオヅ入れた紅茶も、こんな朝はおいしくのまれて、皿に山と盛られたパンとコンビーフはまたたく間になくなって行きます。

沓掛千ヶ滝の別荘での楽しくも優雅な共同生活の一端が垣間見える。駒蔵は料理担当として参加したのだろうか。

河崎なつ女史は奈良女子高等師範出身で、立ち上げのこの時期から昭和十六年までの二十年間、文化学院の教育的な主柱として尽力し、「学院のおかあさん」と慕われた。戦後は参議院議員として婦人運動の先頭にたって活躍した女性である。

もう一人、西村伊作の娘あや子（改姓後石田アヤ）の証言を聞こう。彼女は父伊作が昭和三十八年に病没すると文化学院の校長に就任する。創立五十周年を迎えて昭和四十六年に出版された記念誌『愛と叛逆――文化学院の五十年』に、「鵠の羽かげの宮廷」と題する文章を寄せて、星野温泉に遊んだときの駒蔵など同行者たちのようすを書いている。

　一九二〇年の夏休みに、紀州新宮の家から小学四年生の弟と六年生の私とは、父に連れられて東京旅行に来た。そして父の従妹に当る私より四つ年上の娘をも誘って、信州沓掛の星野温泉に行った。

　温泉浴場の裏山の上の別荘に落ちついたのだが、そこにはいろいろな面白い人がいた。

　まず「よさののおじさんとおばさん」、フランス料理の鴻之巣の主人で鴻巣山人なる奥田氏、木版彫刻家で江戸っ子の、枯れ枝のように痩せて、喘息がはじまるとフーフーいいつづける、見るからにおどけた、晶子宮廷の道化役ともいうべきあの伊上凡骨氏、それから少し遅れて到着されて私たちにはじめての、弟が失礼にも「じゃが芋みたい」と言ってしまったお化粧気のまるでない、けれど何か発剌としたものの感じられるお顔の三十位の女の方、すなわち河崎なつ先生、それに父と私たち子供三人とだった。（略）

ここで毎日、晶子先生の華やかな笑声に、各人各様の放言が入り乱れた。凡骨氏はまじめくさって笑われるし、鴻之巣山人も少しからかわれ役だったりして。子供ながらも紀州の家に佐藤春夫さんやその友人の方たちなどが集った時などに共通した「芸術的」らしい「大人の談笑の世界」を感じて、「学校の先生」的とはまるで違った、だいぶん「お行儀の悪い」この山荘の集りを、賞歎の気持で眺めた。（略）この山荘で過ごした数日はみんなで画を描いたり、歌を作ったりで賑やかだった。（略）鴻之巣山人は大きな紙に墨絵に淡彩して秋草をいろいろ派手に描いたりした。（略）歌が出来ると寛先生がみんなのを次々に朗吟して行かれた。もうこの時は晶子先生もこわいお顔でなく、凡骨氏や鴻巣山人の歌などに、冗談まじりの批評などされて、にぎやかな笑声の気分にもどるのだった。

歌づくりではおそろしい形相で苦悶する晶子も、凡骨や鴻巣山人の歌の批評には相好を崩してリラックスしていたという。アヤが書くように、この旅で凡骨・駒蔵は確かに道化役を務めていたのかもしれない。

文化学院の創設を契機に、駒蔵は与謝野夫妻の旅のおともに駆り出されるようになる。南鞘町に開業したすっぽん料理屋「まるや」も、大正十一年にさらに改築するレストラン鴻乃巣も順調だったので、駒蔵には懐に多少の余裕があったのだろう。晶子たちの吟行に自ら絵や歌を楽しみながら同行したのは、旅の後援者の役割も担っていたのだろうと思われる。

駒蔵と与謝野夫妻との親交は、文化学院をとおして一層深まる。晶子は文化学院では学監を務めていたが、駒蔵は大正十二年にはフランス料理の講師を仰せつかり、マヨネーズやサンドイッチの作り方を教えたこともあったという。駒蔵のひとり息子一夫は、中学卒業後、やがて設置された文化学院の大学部に入学している。

また学校の門に「文化学院」の文字を彫刻した門札を贈ったのも駒蔵だった。河崎女史によれば、この門札は何度も盗難にあい、その度に駒蔵が彫り直していたという。大正十四年駒蔵の死でこれもできなくなったのだろう、現在の門札は彫刻家中村直人氏の手によるものだそうだ。校舎が新築した今でも掛けられているかどうか不明だが……。

与謝野夫妻は、大正十年十一月に宿願だった『明星』（第二次『明星』）を復刊させている。「一隅の卓」という消息欄をみると、駒蔵あるいは鴻乃巣の動向もわかる。

たとえば『明星』第四巻二号は、大正十二年七月九日の忌日のことが書かれている。この日は波多野秋子と心中自殺した有島武郎の葬儀の日であり、その丁度一年前に亡くなった森鷗外の忌日でもあった。夫妻は有島家の葬儀に参列したあと、同じく告別式帰りの奥田鴻巣と三人で連れ立って、向島の鷗外の墓に詣で、一周忌の会食をしている。

同年十二年八月の富士周遊の旅では駒蔵がひとり夫妻に同行しているが、その年九月の「一隅の卓」（『明星』四巻三号）に、晶子の筆で五ページわたる長い紀行文を載せていて、夫妻に付き添う駒蔵の姿が垣間見える。

大正期の『明星』も資金的には苦しかったらしく、大正十三年の『明星』五巻二号には、販路を開拓するため市内に四ヵ所の販売出張所を設置するが、「京橋南伝馬の鴻之巣」もその一つとの報告がある。また、いくつかの『明星』には鴻乃巣やまるやの広告も掲載されている。

さらに大正十四年八月の第七巻二号には、森鷗外、上田敏合同の忌辰小集を「鴻之巣」で開催したとある。参会者は、上田夫人、森令息のほか、佐佐木信綱、戸川秋骨、森順三郎、山内静雄、芥川龍之介、平野萬里、堀口大學、日夏耿之介らに交じり、奥田鴻巣の名も入っていた。その二ヵ月後自ら鬼籍に入る駒蔵は、最後まで与謝野夫妻に寄り添って行動していた。

佐渡の文人・渡邉湖畔

与謝野夫妻の旅の同行者のひとりに佐渡の渡邉湖畔がいる。駒蔵が晶子らに同行した旅のうち二回は、この人物と一緒に出かけている。本題と多少ずれるかもしれないが、晶子の旅の余録として是非書いておきたい。

与謝野晶子の研究者逸見久美氏の著書『与謝野寛晶子書簡集成』を調べると、寛を起点として、駒蔵と湖畔を結びつけるいくつかの書簡があり、そのうちサモワールをめぐるつぎのようなやりとりを見つけた。

大正九年十一月十四日　寛より湖畔宛て書簡

……栄太郎君ハ本間君及び河原君の心添により此頃は寄宿舎を楽しまるゝやうに候。おからだも御健かに候へバ御安意願上候。鴻之巣よりのサモワアルが着キしや、鴻巣山人へ御一報願上候。

大正九年十一月三十日　寛より湖畔宛て

……栄太郎様御変りなし。御安心被下度《くだされたく》候。成績表と計算書とをこゝに同封致候。成績猶少しく悪く候へども、来春にハ回復致さるべく候。勉強は自発に待つべく、他より強ひてハ却てよろしからずと存じ候。

（略）サモワル到着せしや。鴻巣山人大に心配いたしをり候間、御一報被下度候。

駒蔵が湖畔に送ったサモワールは、果たして着いたのだろうか。もしかしたらサモワールがいまも佐渡にあるのかもしれない。私は早速逸見氏に連絡をとり、新潟に住む湖畔の甥にあたる渡邉和一郎氏を紹介していただいた。

まもなく、和一郎氏から誠実なお人柄のにじみ出る端正な手紙をいただいた。手紙の一節を紹介する。

伯父の渡邉湖畔は明治十九年生まれですから、鴻巣山人より四才の年下でしょうか。ただ比較的ながき生きして昭和三十五（一九六〇）年七十五歳、佐渡の畑野の生家で亡くなりました。子供たちは四人いたのですが、三人はそれぞれに早逝し、長男の栄太郎（明治四十年生）だけが生き伸び、平成九年九十歳で亡くなりました。早稲田大学で定年まで英語の教師をしていました。子供はいませんでしたので、湖畔直系のものはいなくなりました。

私は湖畔の弟由松（明治二十五年生）の長男で、昭和四年一月生まれです。湖畔には多くの兄弟がいたのですが、子孫を残したものはいないので、私が湖畔を知る唯一の縁者になってしまいました。湖畔の没後間もなく家をたたんで整理して、大事なものと思われるものは栄太郎が東京の住まいへ運びましたが、私が今整理している湖畔へ寄せられた手紙は、栄太郎が晩年私に託したものです。与謝野晶子の手紙もその一端です。

文面から、前述の寛より湖畔宛書簡に書かれた湖畔と息子の栄太郎の姿が急に身近なものとなる。湖畔から栄太郎、さらに和一郎氏に託された湖畔宛書簡のうち与謝野夫妻から投函されたものが逸見久美氏の著書に掲載され、私の目にも止まったことになる。こうして私は「湖畔を知る唯一の縁者」に出会うことができたのだ。

和一郎氏の手紙はサモワールのことに触れて、さらに続く。

『明星』（第二次）大正十二年二月号に掲載の渡邉湖畔「島の雪」のなかに、次の歌を見ることができます。

サモアルの湯気たちのぼりこころよく曇れる居間に射せる朝の日

御祖父様のサモワアルは大正九年の年末に佐渡に渡り、大正十二年の冬には湖畔の家で幸せな湯気を立ちのぼらせていたことは間違いないようです。

渡邉和一郎氏は新潟大学の統計学の教授だった方で、定年退職後、従兄の栄一郎から託された湖畔宛ての大量の書簡を整理し、十年の歳月をかけて『佐渡びとへの手紙　渡邉湖畔と文人たち』三部作を著している。私が手紙をいただいたときは上、中の二巻を刊行したあとで、その後下巻を平成二十一年に出して完結させている。住まいは新潟市内だが、佐渡の湖畔の生家を「渡邉湖畔記念館」として保存し、夫妻で管理、開放もしている。

恵贈された渡邉和一郎氏の著書により、晶子たちの旅や書簡にしばしば顔を出す渡邉湖畔の姿が見えてきた。

渡邉湖畔は佐渡電灯会社社長を務めた一大実業家でありながら、自ら短歌や俳句、晩年には漢詩も詠む文人であり、キリスト者でもあった。島内の識者はもとより、会津八一、吉井勇、高村光太郎、寛・晶子など多くの文人たちが湖畔の磁力に引き寄せられるようにして佐渡に渡り、畑野にあった湖畔の家を訪れている。著書三部作には、湖畔と知己となった彼らとの親交の足跡が記されているのである。読み終われば、佐渡の奥深い歴史と伝統文化のありさまと、その豊かな文化的土壌に根を下ろしたひとりの文人の屹立した姿がみえてくる。

渡邉湖畔は早くから歌を詠み、佐渡内の同人誌だけでなく新詩社にも参加して『明星』に寄稿しているが、歌の師弟関係以上に与謝野夫妻との交流が深まったのは、湖畔の息子栄太郎が中学進学のとき、夫妻に勧められて上京、大正九年息子を与謝野家に寄寓させ、暁星中学に通わせてからである。先の寛から湖畔宛ての手紙は、預かっている栄太郎のようすを知らせたものだ。

これらの資料から推測してみると、大正九年から十三年にかけて夫妻に同行した旅は、湖畔にとっては夫妻への謝意を伝える旅であり、また資金的な援助の意味もあったのだろう。息子の進学を機に湖畔自身も上京する機会が増え、もしかしたら京橋鴻乃巣への出入りもあったのかもしれない。冬を前にして、厳寒の佐渡でいつでも温かいお茶が飲めるように、寛が気を利かせてサモワールを駒蔵に送るように手配したのではないか。寛は湖畔に何回も到着の一報を督促し、サモワールの行方に気を揉む駒蔵のようすを伝えているのだ。「サモワアルは大正九年の年末に佐渡に渡り、大正十二年の冬には湖畔の家で幸せな湯気を立ちのぼらせていたことは間違いないようです」との和一郎氏のこころ温まる文面に、私もホッと安堵した。

その後大正十年に伊豆堂ヶ島温泉へ、十二年には伊豆山・熱海への旅に与謝野夫妻は湖畔と駒蔵を同行する。大正十二年は九月に関東大震災に見舞われる年、そうとも知らず湖畔は息子のためと自身の東京での拠点とするため、西村伊作に設計施工を依頼し、中野に家を建てることにした。大地震で工期が大幅に遅れたものの、年末には立派な洋館が完成する。息子の栄太郎はのちに早稲田大学文学部の教授となるが、昭和三十五年に父湖畔が亡くなるまでそこで暮していたという。

3　映画・演劇界との関わり

メイゾン鴻乃巣は、小網町で創業のころから、文芸だけでなく演劇畑の人々をも惹きつけていた店だった。第三章で引用した「夏の夜のメイゾン・コオノス」のなかに、「去年の夏初めて開店の頃には、今帝国新聞にゐる結城桂陵氏の紹介で、文士劇の連中がよくやつて来た。杉贋阿彌《がんあみ》、田村西男などの諸氏がこの二階で、旧劇の型や芸風を話題にした時から、河内屋与兵衛をかいた吉井君や、自由劇場の小山内君等が同じ室で、爛れたデカダンの酒の息をふく今日までは、たつた一年しか経つてゐない」とあった。杉贋阿彌は明治・大正期の劇評家であり、小山内薫はこのころ歌舞伎俳優市川左団次とともに自由劇場を結成、近代演劇の基礎を築き、日本演劇界革新の担い手となる。内藤千代子の探訪記にみたように、木原店の鴻乃巣で働く女給たちが、「ヅンナ」「ケティイ」「ヘッダ」など近代劇に登場する女主人公の源氏名を名乗っていたこともあったようだ。

ここでは、私が駒蔵探索の旅のなかで見つけた駒蔵に絡む歌舞伎、演劇、映画の逸話を拾いながら、自由人駒蔵の多面ぶりを紹介してみよう。

歌舞伎作者の家の人

平成二十五（二〇一三）年五月連休明けの新聞に、歌舞伎研究の重鎮河竹登志夫氏の訃報があった。八十八歳の高齢とはいえ、三月末には歌舞伎座再開場のニュースで元気な姿をみせておられただけに、信じられない思いだった。心不全とあった。

河竹登志夫氏は、明治の歌舞伎作者河竹黙阿弥の曾孫にあたる方で、自身は東大の物理出身でありながら、歌舞伎を世界に広めるため海外公演に同行したり、歌舞伎とシェークスピア劇との比較演劇論を展開するなど、歌舞伎作者の家を継承する立場から、戦後の歌舞伎界の振興・普及に多大な貢献をしている。

河竹登志夫氏は、かつて義兄の高校時代の物理の恩師だった。ある年の同窓会のおり接触した河竹氏から、義兄は氏の著書『作者の家』のなかに鴻乃巣が出てくる場面があると指摘されたという。詳しくは『作者の家』そのものに譲るが、その辺りの要点を記すと次のようになる。

河竹黙阿弥は、幕末から明治二十年代までいわゆる白浪物で一世を風靡した歌舞伎の名作者である。黙阿弥に息子はあったが、跡取りとしての器量がなく、しっかりものの娘糸女《いとじょ》を当主として家柄を継がせている。明治半ばに黙阿弥が亡くなり、その後も糸女は独身を通したため、明治末になって河竹家に養子を迎えることにした。

糸女が相談を持ちかけたのが坪内逍遥だった。逍遥は文芸協会に所属する若手のなかから市村繁俊を推挙。まだ早稲田の学生だった繁俊は、寝耳に水の話に困惑しながらも、結局河竹家に養子入りすることになる。その養子がやがて結婚し、生まれたのが河竹登志夫氏である。したがって、登志夫氏は戸籍上黙阿弥の曾孫にあたるが、血のつながりはない。

さて、繁俊と糸女が養子縁組をしたのは明治四十四年十一月のことだった。そのすぐ後に文芸協会の友人たちを招いての披露宴があり、その会場に使われたのが、「当時有名な洋食屋の『鴻ノ巣』だった。まだ京橋に移る前の鎧橋のそばにあった」と、河竹氏は『作者の家』に書いている。宴をとりもった黙阿弥の高弟が、繁俊の友人たちがハイカラ好みだろうからと、選んだ店だったという。この宴では、高弟がとんでもない猥談を披露して、書生あがりの青年たちを戸惑わせたとあり、河竹氏はその経緯を同席した父の友人たちの証言から克明に調べて書いている。

私は『作者の家』と氏のエッセイ集『背中の背中』を読んだあと、河竹氏から鴻乃巣に絡む話を引き出そうと手紙をしたためた。

電光石火のごとくすぐに送られてきた絵葉書には次のように書かれていた。

鴻ノ巣についての諸資料及び尊祖父様の蛙の絵の写真など、ありがとうございました。拙著ごらん下さったこと嬉しく存じます。今の家から銀座やカブキザへ行くのに鎧橋を通るので、ああこのへんだなと、知らぬ昔を想像して懐かしんでおります。鴻一様にもよろしく。まずはお礼まで。（私も蛙の絵ずい分かきました……）

「うちの蛙たち」と題名のついた絵葉書は、蛙好きの氏自身が描いた軽妙な絵を仕立てたものだった。駒蔵の「蛙百態」にあやかって選んでくれたのだろう。歌舞伎座再建の多忙な時期にもかかわらず、ペン書きのこころのこもる文面に感激した。

その後の手紙のやりとりから、まだ歌舞伎を観たことのない私にカップル券の進呈という僥倖にあずかった。このとき歌舞伎座で行なわれたさよなら公演の演目は、「蘭平物狂」「勧進帳」「三人吉三」。そのうち「三人吉三」は、いわずと知れた黙阿弥の名台詞溢れる代表作である。

このとき以来、毎年の歌舞伎鑑賞がわが家の恒例行事になっている。河竹氏の訃報は再建なった歌舞伎座での観劇を楽しみにしていたその矢先のことだった。新聞によれば、河竹氏は三月末の「古式顔寄せ手打ち式」で上演演目を読み上げ、「家を継いだ責任を果たせた」と話していたが、間もなく体調を崩し四月に入院したという。ご冥福をお祈りする。

映画「寒椿」出演

映画「寒椿」と聞けば、南野陽子の濡れ場が話題になった宮尾登美子原作の方を思い浮かべるかもしれない。実はその七十年も前に、同じ題名の映画が作られていたことを知る人は、映画ファンとて多くはいないだろう。大正十年の国活（国際活動映画会社）角筈撮影所制作、畑中蓼坡《りょうは》監督、小島孤舟原作の「寒椿」は、もちろんサイレント（無声）映画である。

私がこの古い映画の存在を知ったのは、義兄鴻一の祖父にまつわる覚え書きのなかだった。昭和九年生まれの義兄は、もちろん祖父の顔を知らないが、父や母から聞かされてきた「おもしろジイサン」の昔話を、ときおり思い出しては書いてくる。そのなかにこんな話があった。

　雨の音を聞きながら、昨夜遅くまでＮＨＫの教育テレビを見ていましたら、今年は初代水谷八重子の誕生百周年とかで、いろいろと彼女が出演したものの映像が放映されていました。そのなかの年譜で大正十年だったかに、映画「寒椿」に出演とありました。そこで思い出したのですが、この映画に祖父鴻巣山人が八重子の父親役として出演していたそうです。父の話では（僕の記憶に間違いがなければ）、ある日帰宅した祖父が「映画に出てきたぞ」と威張るので、父は映画館に見に行ったら、八重子の父親役で確かに出演していたそうです。どこかのフィルムライブラリーにこの映画のコピーが保存されていて見ることができるかも知れませんね。時間があったら調べてみてください。

図書館で調べてみると、この「寒椿」の主演男優は井上正夫、女優水谷八重子とあり、その外のキャストに駒蔵のコの字も出てこない。水谷八重子はもちろん初代、それもまだ雙葉女学校在学中だったので、覆面女優として画面に名前は伏せられているものの、八重子映画初出演の話題作であった。八重子の父親役がきっと井上正夫なのだろう。

「寒椿」のフィルムは、東京京橋にある東京国立近代美術館フィルムセンターに保管されていた。

ただし保管されている貴重なフィルムは、個人的な要望では鑑賞できないが、学術団体、研究機関などからの申請があれば、有料で上映が許可されるとのこと。

交渉の結果、平成二十二年の四月、研究調査のための「寒椿」特別鑑賞会開催にこぎ着けたのだった。

フィルムセンターには、「寒椿」の二種類のフィルムが所蔵されている。字幕付きサイレント版と昭和十年ころのアフター・レコーディング版トーキー、そのほかこれらのVTRも作られている。今回は研究員の勧めで、繰り返し停止再生が可能なサイレント版のビデオ（八十六分）を見ることにしていた。したがって、映画といっても大スクリーンの映像ではなく、予備室のような小部屋でテレビモニターに映し出すだけなのだ。好奇心あふれる瞳が食い入るように小さな画面を見つめた。

字幕付きサイレント映画を観るというのは、実に妙なものだ。まったく音声のない画面を、ただ黙々と見つめる。ひたすら無言の行である。

「寒椿」のストーリーは、予め手に入れていた解説に次のように書かれている。「井上正夫の帰朝第一回作品で、小島孤舟の『湖畔の家』を脚色したもの。伯爵家の小間使いとなった娘（おすみ　水谷八重子）の幸福を願う水車番（吾助　井上正夫）が、娘に横恋慕する乗合馬車の駁者を殺すという悲劇」。これしかない。

また字幕部分は全部で十八枚あるが、そのうちストーリーを示すものは「乗合馬車の御者林蔵はかねてからおすみを恋して居た」、「あにめいわくだ」などたった十三枚しかない。これだけで筋を追うのはどだい無理な注文である。聞こえない台詞を想像力で補いながら画面を見つめる。

主役の井上正夫は明治三十年代から新劇界で活躍した役者で、「新派の偉才」と称された。大正九年国際活動映画会社に入社、半年間アメリカ映画界を視察したのち、帰国第一作目に出演したのが、この「寒椿」である。井上扮する水車番の吾助の所作が、何やら舞台じみている。一方ヒロインの水谷八重子は、このとき十六歳の娘盛り。映画初出演とは思えないはつらつとした演技ぶりだ。画面が進むと、この二人のほか、乗合馬車の馭者、伯爵家の苦労知らずの御曹司、その許嫁、奉公人などがつぎつぎと出てくるが、駒蔵らしき姿は一向に見えない。

ビデオ開始からおよそ五十五分後、駒蔵かと思われる人物がとうとう登場した。それも十秒間ほど。

林の中の殺人現場に駆けつけた二人の刑事と、それを遠巻きに見守る三人の村人。刑事はおそらくプロの役者だろう。野良着に背負子、頬かむりの村人三人のうちの一人が駒蔵ではないか。何か台詞を言っているようだが、むろんサイレントでわからない。ビデオを巻き戻し、再生、件の場面で停止する。三人の中のどれが駒蔵だろうか。頬かむりをしていない男は、やや若すぎる。残り二人は頬かむりが邪魔をして、顔つきが判りにくい。

およそ一時間半にわたる無言の行の末、「終」の字幕で映画は終了した。そして最終的に駒蔵は、頬かむりの村人その一ということになった。決め手は、観終わったあと義姉のこの一言。

「左手を振り上げて話しかける仕草が、鴻一（義兄）さんにそっくりなのよ」

あとで聞くと、同席していた私の兄もテレビの画面と義兄の顔とを見比べていたそうだが、村人その一の顔が義兄とよく似ていたので、間違いないと太鼓判を押している。

駒蔵はこの映画から四年後の、大正十四年十月に急逝する。赤坂報土寺で営まれた葬儀の写真のなかの「井上正夫」名の献花が、駒蔵と井上正夫との「寒椿」をとおした強い絆を雄弁に物語っているように私には思われる。おそらく駒蔵は、店の客の一人でアメリカ視察から帰ったばかりの井上正夫に、そそのかされ、おだてられ、面白がってカメラの前に立ったのだろうと想像している。

映画に関しては、京橋「鴻乃巣」の店内で映画のロケーションが行なわれたこともあったらしい。物理学者であり、さわやかな随筆の名手でもあった寺田寅彦は京橋「鴻乃巣」がお気に入りだったらしく、日記に鴻乃巣がたびたび登場する。震災ひと月前の八月六日の日記より。

昼食後電車で京橋迄行つて鴻の巣でコーヒを飲んで居たら活動写真の撮影の連中が来たから急いで出た。悪い女が処女を誘惑してカフェーに連れ込む、其処に悪い男が待ち受けて居てだまし込むとでも云つた月並の趣向らしい。いづれも粗末な着物で実にいやな化粧をして居る。男優連中のうちには手鏡を出してしきりに顔の研究をやつて居るのもあつた。

この映画の題名は特定できていない。まして震災により、完成をみたかどうかもわからないが、もしフィルムが残っていれば、鴻乃巣の内部が大写しの映像で見ることができるだろう。もしかしたら駒蔵がどこかに映っているかもしれない。

余談になるが、昭和六十三年の映画「華の乱」は「メーゾン鴻乃巣」を、大正時代を象徴する背景として登場させている。原作は永畑道子の二つの小説『華の乱』と『夢の架け橋』。永畑は有島武郎と与謝野晶子とのあいだに交わされた書簡を読み解き、二人には通い合う愛があったと大胆な仮説を立て小説化している。監督の深作欣二は、さらに群像ドラマとして映像化させる。

深作は、日本近代劇のもうひとりの立役者島村抱月と女優松井須磨子との恋愛を、二人の主人公に絡ませて描く。島村抱月が急死したあと、悲嘆にくれる松井須磨子を友人たちが慰める夕べを開くのだが、その会場が「メゾン鴻の巣」という設定になっている。そこで松坂慶子演ずる松井須磨子の狂乱の場がこの映画の見どころのひとつ。そこに主題の伏線として、有島武郎と与謝野晶子、のちに有島と心中する波多野秋子とその夫波多野春房の四人を同じテーブルに座らせるのである。この映画をDVDで観てみたが、「鴻の巣」のセットがかなり華やかなホールとして造られていたのには驚かされた。「華の乱」で美術を担当した内藤昭は、対談集『映画美術の情念』のなかで、明治末から大正中期にかけての時代を「アールヌーボーの時代」ととらえ、鴻の巣のセットも、残っている写真一枚と白壁の洋館の洋食レストランなどを参考にして、「アールヌーボーのデザイン」を入れて造ったと述べている。この本には「豪華絢爛なメゾン鴻巣のセット平面図」まで載っていて、面白い。フィクションとはいえ、鴻乃巣が恰好の舞台装置だったことの表われだと思う。

築地小劇場の片隅に

小山内薫が『新思潮』を創刊し、西欧の演劇論や戯曲をさかんに日本に紹介したのは、明治四十年のことである。小山内は明治四十二年には自由劇場を結成、イプセンの『ジョン・ガブリエル・ボルクマン』を上演する。日本の伝統演劇が役者中心であったのに対し、戯曲と演出による近代演劇を提唱したのが小山内薫であった。

第一章に書いたように、小山内は渡欧から帰国した後の大正五年、ドイツで知り合った山田耕筰と「新劇場」を設立する。試演ではあったが、新劇場最後の上演会場が京橋鴻乃巣だったのである。鴻乃巣は舞台であると同時に稽古場であり、また仮事務所としても使われていた形跡がある。「新劇場」の試みが行き詰まったのは、何といっても経済的失敗だった。自分たちの劇場をもたないため、劇場の賃料等莫大な借金に苦しめられたのである。

その後松竹キネマが設立されると、小山内は俳優の養成や映画の製作に関わり、映画界の人材育成にも貢献している。

関東大震災後、小山内薫は一時大阪に避難していたが、助手であった資産家土方与志がドイツ留学から帰ると、東京に戻り築地小劇場を創設する。築地小劇場は瓦礫のまだ残る京橋区築地にバラックの仮建築として建設したものとはいえ、クッペルホリゾントと呼ばれる漆喰の壁が舞台奥に楕円形に作られており、照明効果と相俟まって、本格的な舞台装置を備えた新劇専用の、小山内たちにとって夢の劇場が出現したのだった。

大笹吉雄著『日本現代演劇史』によると、この築地小劇場の正面中央には、三つのアーチがあった。左手の二つのアーチが出入口で、右のひとつは公演のポスターを展示する壁だった。そとから三段の階段を上ってアーチをくぐると、なかは少し平らになり、さらに五段の階段を上がるとそこがロビーになっていた。階段の手前右に切符売り場、ロビーの右手突き当たりが休憩室兼喫煙室になっていたという。

築地小劇場は大正十三年六月に幕を明ける。大笹氏は著書に、開場当時はその休憩室に「メゾン鴻の巣の出店」があったと書いている。劇場のプログラムなどには記録が残されていないので、しかと確認することはできないが、第二次『明星』の大正十三年七月・八月号には、鴻乃巣・まるやの広告があり、「築地小劇場内喫茶店」とともにご贔屓に願いたい旨の言葉が添えられているので、開場から八月ごろまでの短期間、駒蔵はロビーの片隅に鴻乃巣の出店をおいていたのだろう。その後喫茶店は劇場近くの和菓子屋「喜津祢」が経営することになる。

もうひとつ演劇関係では、この劇場の小道具係として採用され、のちに脚本家・劇作家としても活躍する横倉辰次のことを書いておく。横倉辰次は著書『銅鑼が鳴る』のなかで、彼が築地小劇場とかかわるきっかけについてつぎのように書いている。

人間の運命とは奇妙なものである。このような一流の鴻の巣のお客になったことは、巷の子であった私は一度もなかったが、鴻の巣に食料品を卸していた板橋という友人に出した手紙

（多分、人生の夢のなさと芸術不滅について書いたと思う）を板橋から見せられて、私を推薦してくださったのである。

二十一の私は、未知の「鴻の巣」の御主人からの紹介状の名刺を大切に抱て、近寄って行った。

駒蔵にとって横倉は一面識もない人物だったが、出入りの卸業者から横倉の窮状を聞いた駒蔵は、人が足りないと聞いていた築地小劇場のことを思い出し、口利きをする。横倉は、駒蔵の名刺を抱いて築地小劇場の事務室の扉を叩いたのだ。

面接のあと横倉は小道具係として採用され、のちに日本の舞台装置家として知られる溝口三郎のもとで、小道具だけでなく芝居の一から教えを受けるのである。

小山内薫と駒蔵との交流は、駒蔵の晩年まで続いていたのだと思う。

戯曲「カフェエの夕」

さて、映画や芝居の魅力に目覚めた駒蔵は、舞台や映画の脚本にいたく興味をそそられたらしい。

大正十二年の七月十五日の読売新聞に、戯曲の形式を模した店の広告を掲載して世間を驚かせた。

題は「カフェエの夕」。時は現代〔大正十二年〕、場所は帝都京橋南伝馬町二丁目仏蘭西料理店鴻乃巣とある。登場人物とその人物像を紹介しよう。

鴻乃巣プロプライター
　奥田駒蔵　自称素人画の大家
妻　米子　デップリ肥えた髪の黒い女
女監督　房子　十四年間勤続、正直と勤勉を以て知られ、サンタマリアの称あり
ウヱトレス一　貞子　鈴蘭の感じのする美女、親孝行で利口者
二　文子　天才の描いた名画に見るやうな深刻味のある美女
三　千代子　わたしのラブは伯爵の若様よてな事を云ふ女、同美女
四　清子　お化粧に三時間もかかるおめかしや、律子に似て居る美女
五　爽子　口数をきかず丁寧で親切な女、賢夫人の面ざしある女
六　高子　白百合のやうな○○の美女
バーテンダー　河野　ダンマリヤの変人
（以上二階に働く人人）
ウヱトレス一　豊子　京都生れのキメの細かい、肉付のいい丸ポチャの美女
二　絹子　北海道生れの雪に縁ある色白で、切れ眼の長い美女
三　摩利子　眼と口元に人を魅する力のある美女
チーフスチュワード　木村　苦み走りたる顔に愛嬌を湛へて腰でお辞儀をする男

ボーイ　B　年二十一歳の若者
　　　　A　髪をオールバックにして居る若者
（料理人は一人も登場せず、故に略す）

どんな舞台が展開するのか、見てみよう。

表のショーウヰンド越に電車や自動車の走るのが見える、絶えず雑音ゴオーゴオー……やがて窓外に宵の明星がきらめき出すと幕が開く。電燈が一せいにパッと明るくなる。天井から下げられてある電燈の反射器にエメラルドやルビーの石が塡めてあるので五彩を放つ。

此時表の入口から若い紳士が三人笑ひながら這入つて来る。其内の一人はシガーを吸つて居る。続いて又二人のお客入り来る。三人、又五人連、七人続く。見る間に二階の食堂と下の酒場が人で満たされる。白いエプロンのウヱトレスと若い紳士と、学生と、酒の香と、エジプト煙草の薫りと、香水の匂ひと、男の氣息と、女のいきれとが室内に漂ふ。スパニッシュ・セレナードの曲がかすかにグラマホンの口から流れ出す、人人の出たり這入つたりする事頻繁。

正面壁に掛けてある音楽時計が十二時を打ち始めると、幕

戯曲の名を借りた店の広告とはいえ、これは京橋時代の鴻乃巣の内部を知る貴重な資料と思われる。一階で働く従業員は、ウェートレス六名、バーテンダー一人、女監督房子もカウンターに入っ

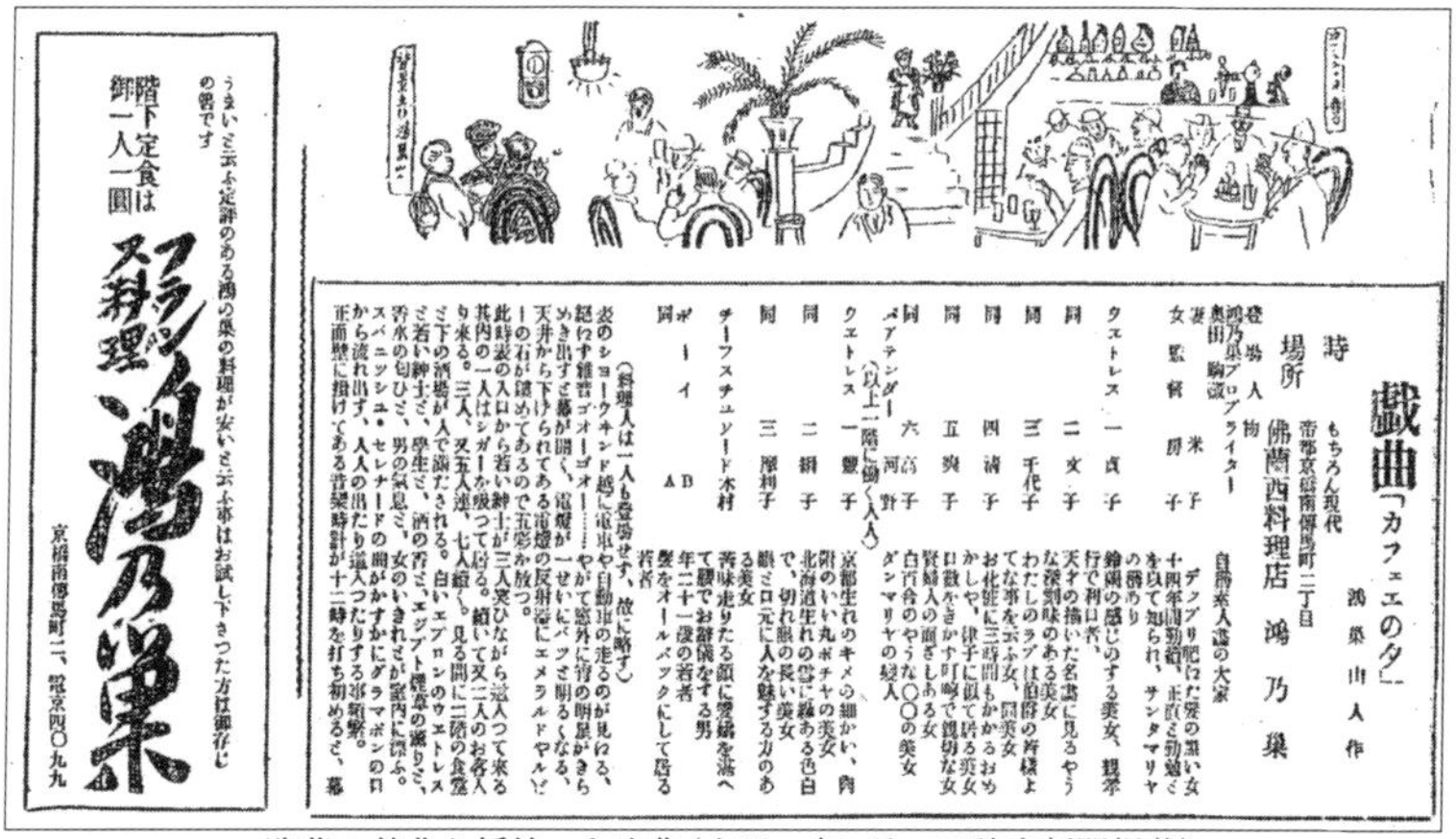

戯曲「カフェエの夕」　鴻巣山人作

時　もちろん現代
場所　帝都京橋南傳馬町二丁目　佛蘭西料理店　鴻乃巣
登場人物
鴻乃巣プロプライター　奥田駒蔵　自称茶人識の大家
妻　米子　デクデク肥えた髪の黒い女
女監督　房子　十四年間勤続、正直こ勤勉さを以て知られ、サンタマリヤの称あり
ウエトレス一　貞子　鈴蘭の感じのする美女、親孝行で利口者、
同　二　文子　天才の描いた名畫に見るやうな深刻味のある美女
同　三　千代子　わたしのラブは伯爵の若様よてな事を云ふ女、岡美女
同　四　清子　お化粧に三時間もかかるおめかしや、律子に似て居る美女
同　五　爽子　口数をきかす叮嚀で親切な女　賢婦人の面ざしある女
同　六　高子　白百合のやうな〇〇の美女
バアテンダー　河野　ダンマリやの畸人
（以上二階に働く人々）
ウエトレス一　艶子　京都生れのキメの細かい、肉附のいい丸ポチヤの美女
同　二　絹子　北海道生れの雪に縁ある色白で、切れ眼の長い美女
同　三　澤利子　眼こ口元に人を魅する力のある美女
チーフスチユワード　木村　苦味走りたる顔に愛嬌を湛へて腰でお辞儀をする男
ボーイ　A　年二十一歳の若者
同　B　髪をオールバックにして居る若者

（料理人は一人も登場せず、故に略す）
表のショーウヰンド越に電車や自動車の走るのが見ゆる、絶えず雑音ゴオーゴオー……やがて窓外に街の明星がきらめき出すこ幕が開く、電燈が一せいにパッこ明るくなる、天井から下げられてある電燈の反射器にエメラルドやルビーの石が鏤めてあるので五彩を放つ。
此時表の入口から若い紳士が三人笑ひながら這入つて来る其内の一人はシガーを喫つて居る。続いて又二人のお客入り来る。三人、又五人連、七人続く。見る間に二階の食堂こ下の酒場が人で溢れされる。白いエプロンのウエトレスこ若い紳士こ、学生こ、酒の香こ、エジプト煙草の薫りこ、香水の匂ひこ、男の気息こ、女のいきれさが室内に漂ふ。スパニッシュ・セレナードの曲がかすかにグラマホンの口から流れ出す、人人の出たり這入つたりする事頻繁。正面壁に掛けてある音楽時計が十二時を打ち初めるこ、幕

うまいこ云ふ定評のある鴻の巣の料理が安いこ云ふ事はお試し下さつた方は御存じの筈です
階下定食は御一人一圓
フランス料理　鴻乃巣
京橋南傳馬町二、電京四〇九九

駒蔵の戯曲と挿絵つき広告（大正12年7月15日読売新聞掲載）

て、目配りを行き届かせていたのだろう。二階の食堂には三名のウェートレスとボーイ二名。チーフスチュワードというのは料理に精通した給仕主任のことだろうか。登場人物のところで鴻乃巣のスタッフにスポットをあてて、あたかも舞台のうえで店主駒蔵が一人一人を紹介する仕掛けである。一階のウェートレスのうち、京都生まれの豊子というのは、駒蔵の姪トヨノのことなのかもしれない。

幕が上がってからの店内のようすも、まるでテレビのコマーシャルを見るような、あるいは映画のワンシーンを観ているかのような錯覚を覚える。

この広告の上部に描かれた駒蔵の絵を見ていると、あたかもアニメのように人物が動き出すような気がするから不思議だ。

小山内薫らの近代劇に刺激され、端役で映画にも出演した駒蔵による「新式の広告」の誕生といえるのではないか。

4　個人雑誌『カフェエ夜話』

映画出演とともに、もう一つ駒蔵のディレッタント（好事家）としての本領を発揮したものに、個人雑誌の刊行が挙げられる。大正十二（一九二三）年三月に創刊した『カフェエ夜話』である。『カフェエ夜話』は、創刊号（三月号）と第三号（五月号）が現存する。第二章の「少年時代の駒蔵」のところでも述べたが、この二冊は駒場にある日本近代文学館の稲垣達郎文庫に収められている。実物を見ると、どのページを開いても、駒蔵の息を感じ、駒蔵の魂に触れる思いに満たされる。

駒蔵がどのような意図で雑誌を発行するに至ったのか、創刊号の一ページにある「発刊の辞」を見てみよう。「発刊の辞」は、雑誌発刊にかける駒蔵の意気込みの発露であるとともに、駒蔵が生涯をかけて到達しえた自由人としての理想を吐露したものだと思われる。これまでみてきたように、駒蔵は広告文の外さまざまな文章を書いたが、私はこの「発刊の辞」が白眉だと思っている。

人類の誰でもが望んで居るのは幸福と云ふ事でせう。然しながら幸福とはどんなものかと問はれたら、それを一言に尽すことは一寸むづかしい事でせう。

物質に依つて総ての幸福を得られると思つて居る人もありませう。

或は男女間の愛の最も高潮した生活こそ幸福その者であると云ふ人もありませう。

私は如上の人人の言葉を否定するものではありません。なぜならば或る一人の云ふ事が如何にいい事であつても、それを他の人に当てはめる事は出来ないと云ふ事を知つて居りますから。

私は自由な生活を望んでゐる者であります。其日其日の風の吹き回しで自分の気に向いた事、又は必然的にしなければならぬ事をして日を送つて居ります。只他人を傷けずして自ら楽む事の出来る生活を理想として居ります。

殊に私達は意気の合つた人人と晩餐を共にして、食後の雑談に夜の更くるも忘れて笑ひ興ずる時、しみじみと幸福を感じるのであります。さりながら、私達の生活は、毎日それを許す程の余裕と時間とを持ち合せません。依てここに本誌を発行しまして、紙上にいろいろの夜話を致したいと思ふのであります。

皆さんもお持ち合せの夜話を御寄稿下さると同時に、読者として本誌の為に御後援下さる事をお願ひ申ます。以て「カフェエ夜話」発刊の辞と致します。


また編集後記によれば、発行にあたり「与謝野先生御夫妻や、北原白秋氏、高村光太郎氏、長田幹彦氏、等其他の諸氏」の多大の賛成と助言があったと、筆名春焦が書いている。春焦について本名は不明だが、駒蔵とともに雑誌刊行に尽力した人物だったようだ。

『カフェエ夜話』創刊

まず創刊号を詳しく見ておきたい。

創刊号の奥付をみると、発行日大正十二年三月一日、編集兼発行者は奥田駒蔵。発行所は荏原郡蒲田町北蒲田鳩の家「カフェエ夜話」発行所とあり、編集所は「鴻之巣内」となっている。定価三十銭、送料一銭。毎月一回、一日発行。

表紙〔口絵⑥〕は上部に「カフェエ夜話」の手描きの文字。題字の下は、鴻乃巣店内を生き生き描いた駒蔵の絵である。赤く燃えるストーブをなかにして、四人の男女が椅子にかけて取り囲んでいる。ストーブの向うに原稿を手に夜話を語る男性と、うっとり話に耳を傾ける店の女性。左側の山高帽を被る小柄な男は、もしかしたら最も頻繁に通っていた劇作家の郡虎彦か。右手前には煙草をくゆらしながら耳を傾ける男性が大きく描かれて、画面に奥行きを与えている。もう一人奥のカウンターのなかにいるのは女監督のおふやんかもしれない。カウンターの棚に酒瓶やグラスが並んでいる。

表紙の見返しには鴻乃巣一階の写真がある。高い天井に電燈が下がり、階段の脇には天井まで届きそうなシュロの木が一本置かれている。壁の高い位置に振り子時計。中央右に表紙絵に描かれたストーブの長い煙突もみえる。さらに右側に二階への階段。フロアには数多くの丸いテーブルに曲げ木の椅子。テーブルの一つに背広服の男性客の姿があり、白いエプロン姿の女給が注文を聞いている。写真の下は鴻乃巣の広告。フランス料理鴻乃巣の大書につづき、大小御宴会室数間、階下簡易食堂新設とある。

一ページの「発刊の辞」の下に目次がある。（　）内の数字は掲載ページ。

雑詠……鴻巣山人（三〇）
涙の壺……伊藤鐘二（三〇）
編輯後に……（三一）

創刊号の内容をおおまかに分類すると、随筆五篇、短歌四十一首、小説一篇、詩三篇、絵と文一篇、アンケート回答一点（十名分）となる。

ここにすべてを紹介する紙幅はないが、主だった記事をいくつか拾い出してみる。

ポール・クローデルの似顔絵

二ページは、寄せ書きのようなもの。上にフランス語の言葉とサイン、その下にポール・クローデルの似顔絵、空いたところに同席した山内義雄の文が入っている。文章によれば、店を訪れた駐日フランス大使クローデルに、駒蔵が自らの画帳を差し出してサインを求めたところ、「Cloiserie des Lilas〔原文ママ〕っていいふところなんだな」といって、詩人でもある大使は、いい機嫌でその似顔絵のうえに、「Une ombre sur de l'eau」（水の上の影）という言葉を書きつけたという。

P. Claudel のサインの下に、Tokyo, 2 décembre, 1922 の日付があり、山内義雄の名前のわきにも「一九二二年十二月二日フイリツプの晩餐会にて」とある。この日鴻乃巣で開かれた晩餐会に出席した大使を前にして、駒蔵が似顔絵を描いたのだ。山内は「主人の描いた至つて質朴」な肖像に対し、「殊に鼻の線をうれしくおもふ」と末尾に書き添えている。

ポール・クローデルは、大正十（一九二一）年十一月に来日、昭和二（一九二七）年二月まで駐日フランス大使として活躍した外交官で、また詩人、作家として広く知られている。姉カミーユ・クローデルはロダンの弟子であり愛人でもあったが、この姉のジャポニスムの影響で少年時代から日本への憧れを抱いていたという。

日本におけるクローデルは、歌舞伎・舞楽などの日本の古典芸能や、寺社仏閣、美術品などに強い関心を寄せ、日本の伝統文化から想を得た詩や戯曲を書き残している。

一方山内静夫は東京外国語学校でフランス語を専攻、卒業後京都大学に入学し、上田敏に私淑している。京都にいて大物の作家ポール・クローデルが来日するとの外電に接した山内は、急遽退学して東京に戻る。母校東京外語の恩師からフランス語の講師として招かれたためだが、その語学力が認められて在任中の大使と行動をともにする特権が得られたという。山内義雄はのちに早稲田の仏文で教鞭をとり、アンドレ・ジッドの『狭き門』やマルタン・デュ・ガールの『チボー家の人々』などを翻訳している。

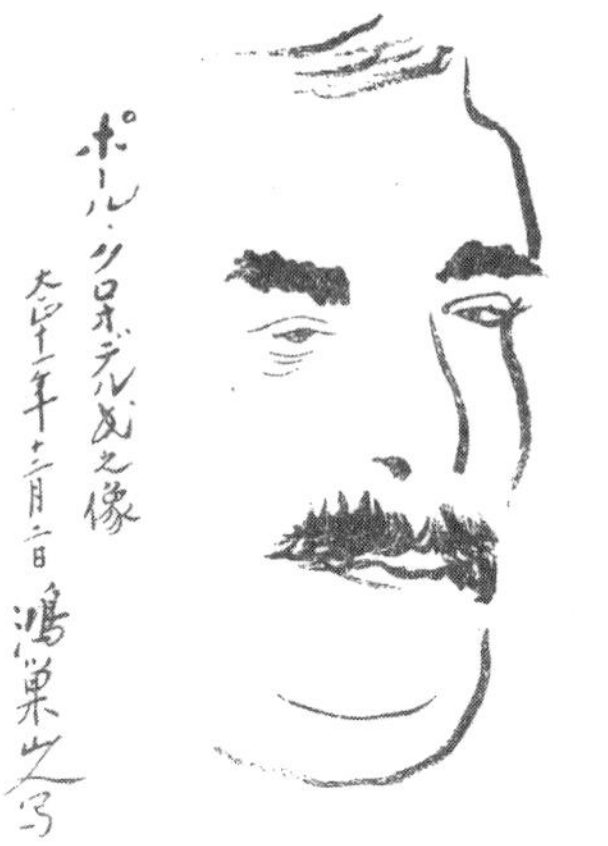

ポール・クローデルの像
（大正12年3月『カフェエ夜話』創刊号掲載）

詩人フイリツプの晩餐會
彼が心の友達鴻の巣の集ひ

シヤルル・ルイ・フイリツプの會が起つて「心の友」たち[illegible]のメーゾン・コーノスで晩餐會を開いた、早大の吉江孤雁、中村星湖、慶大の井汲清治、外語の増田俊雄、[illegible]、山内義雄、石川淳等に外務省の小牧近江外四十餘名佛人側では外語のオ・ブアン教授が出席其の外慶大、帝大、外語の學生も來會した、佛大使クローデル氏も昔の友人フイリツプを追想し種々愉快にフイリツプが貧しい人々に對して深い同情をもち繊細な觀察を廻らし其の描寫は精巧を極めた、現代の文藝は總ゆる階級を理解し民衆の心理を解して始めて眞の藝術が組立てられ完成せられるのである、此の意味を洞觀する爲め我々は一層の努力と奮鬪を期したいフイリツプが文藝の民衆化を力說したのは今日彼の價値ある貢獻である眞に民衆の爲めの藝術を打樹てたのはフイリツプの思想であり藝術である、と語り席に連るもの皆深い感慨に打たれて午後九時頃ゆかしい會を閉ぢた（寫眞は右よりオブアン、小牧近江、[illegible]、吉江孤雁、クローデル大使の諸氏）

フィリップ晩餐会記事（大正11年12月3日東京朝日新聞掲載）
記事のタイトル「詩人フイリツプの晩餐会　彼が心の友達鴻の巣の集ひ」

山内静夫の随筆集『遠きにありて』を繙《ひもと》くと、なかに「クローデルと早稲田」と「二人の文豪」と題する回想録があり、そこにクローデルとの思い出や「フイリップ記念講演会」のことが書かれている。山内は初めて接したときのクローデルの印象を、「まはりに一寸人立ちでもすると直ぐ見えなくなりさうな矮軀。それでゐて肩幅のひろい、ずつしりとした、まるで力士を思はせる逞ましい体軀。その上に、眼光炯々《けいけい》たる大きな頭がのつてゐた」と書いている。また「かつて駐日大使として東京に在つたあいだ、いつも午後には、無帽のまま愛用のステッキを振りながら、竹橋、乾門、半蔵門からかけて内壕一巡の散歩をしていた」と、小柄な大使の姿を懐かしんでいる。

「フイリツプの晩餐会」のフィリップとは、フランス人のシャルル＝ルイ・フィリップのことで、着任したクローデルは、日本でよく知られていたフローベールには関心を示さず、民衆のための作家としてこのフィリップを推奨、早稲田でフィリップについての記念講演をしたという。それが「一九二二年十二月二日」のことで、そのあと晩餐会が鴻乃巣で開かれたということのようだ。

ところで、ポール・クローデルがつぶやいた「Closerie des Lilas」という言葉、正しくは La Closerie des Lilas（ラ・クロズリ・デ・リラ）のことであり、鴻乃巣にとって特別な意味をもつ言葉であることが判明した。

ラ・クロズリ・デ・リラは、ラ・クーポール、ラ・ロトンドなどと同様、パリのモンパルナス地区にあるカフェ・レストランの一つで、十九世紀末にはゾラやセザンヌらが集い、二十世紀に入ると、アポリネール、ゴドー、あるいは革命前の一時期パリにいたロシアのレーニンやトロツキーなども頻繁に出入りしていたことで知られている。この店が最も華やかだったのは一九二〇年代のいわゆる狂乱の時代で、モディリアニやジャン・コクトーなど芸術家・知識人の溜り場となっていた。アメリカの作家ヘミングウェイはこの店の一角で『日はまた昇る』を執筆している。

パリからはるばる極東の都にやってきた賓客ポール・クローデルは、鴻乃巣に集う面々を伝え聞いてパリの同時代のカフェの匂いを嗅ぎとり、「さながら東京のクロズリ・デ・リラだな」と合点したのだろう。

なお、翌日の東京朝日新聞は、この鴻乃巣での晩餐会の模様を伝えている。

『カフェエ夜話』のこの一ページは、駒蔵の描いたポール・クローデルの「眼光炯々たる風貌」によって、氏の偉大な足跡を鴻乃巣に刻印したことを証明している。

おふやん

三ページの「鴻之巣の夜」は、与謝野晶子が詠んだ歌十首である。

鴻之巣の鴻の雛みな光るなり白くめでたく匂やかにして
夜の無し照日《てるひ》にまさり鴻之巣の鴻の少女の翅《つばさ》光れば
おふやんをサンタマリヤと思ふまで夜話に酔ふ一人となりぬ
果物はさかりの色をしたれども夜話《よばなし》もたずまとゐの中に
かぐはしき光の世界そここの卓の影のみいはゐのぐ置く
この主人ものの哀れを知るに過ぐ阿嬌《あけう》をうたひ夜も絵筆とり
灯ともれば主人《あるじ》鴻巣山人が画ほど力の張る話かな
棚に立つ酒の瓶《かめ》ほど異なれる性《さが》も見いでず話仲間に
桜草シクラメンなど並びたり春待ち得たる卓もめでたし
わが寄りしみなとみなとを思へとて盛られし夜のくだものの皿

与謝野晶子が詠んだ歌のなかに登場する鴻乃巣の給仕「おふやん」については、四ページから五ページにかけて宮川兼次郎が「お房さんの顔」を書いている。一部紹介する。

お房さんは「鴻の巣のお房さんか、お房さんの鴻の巣か」と云つて決して支障《さしつかへ》のない人である。まつたくそれほど鴻の巣とお房さんは離すべからざるものであることは、恰も御主人に於ける絵筆の如き観がある。

お房さんの顔を私が初て視たのは、木原店の第二次鴻の巣の時代であつた。（略）その鴻の巣の木原店時代の狭いホオルの正面に小さな硝子戸棚があつて、そこに常に朱塗りの口洗椀が飾られてゐた。これは今でも京橋の二階で使はれてゐるが、そのお椀は素敵に宜いものであつた。異国趣味の中に亦日本趣味が横溢してゐる、詮じ詰ると舶来の雅致とでもいふのであらう。お房さんの顔が全くその味ひである。謂ふに云はれない味がある。此時代の鴻の巣には未だ宜いものがあつた。それは他でもないムッシュウ奥田即ち御大将が、山高帽子を冠つて黒の背広で掌にバスケットを提げては買出しにゆくことである。その姿と、お房さんの容子《ようす》を合せて考へると、未だ見ぬ仏蘭西のブルタアニュ辺りの田舎街を連想する。お房さんの顔の色は口洗椀の朱塗りである。（中略）

お房さんは又極めて親切である。ウヰスキイに就いて知識を索めれば、ジョニイカの黒札をお呑みなさいと、教を垂れてくれる（この酒はジョンニイがなんとやらいふのだが、お房さんは簡単にこれをジョニイカで片付てゐる）。親切であるが故にお客に対して丁寧である。私はなんといふ理屈なしにお房さんを「西洋のお竹大如来」だと独りで決めてゐる。

宮川兼次郎は歌人で、号を曼魚という。生家は日本橋の鰻屋「喜代川」だが、兼次郎は深川の鰻屋「宮川」を継いでいる。歌は白秋の弟子を自認していたようだ。鴻乃巣の象徴的存在だったお房さんは、晶子から「サンタマリア」と呼ばれ、さらに宮川兼次郎によって、「お竹如来」を持ち出して賛美されるほど、この店になくてはならない存在だった。ただし里見弴は後年になって、おふやんを「年齢ごろの知れない醜女」と書いたりしている。

お房さんは、駒蔵亡き後はスッポン料理屋「まるや」の女中頭となって東京が大空襲で焼け野原になるまで働き、終戦後脳溢血で急死するまで、奥田の家族と苦楽をともにしている。

彼女について義兄鴻一は覚え書きの中で次のように書いて懐かしんでいる。

「このおっさささん（奥田の家族のあいだでの呼称）が鴻巣で女給をしていたとき、五色の酒を注ぐのが上手かったと父から聞いた覚えがあります。おっさささんはかつての文豪たちの若かりし時を良く覚えていたようで、谷崎さんや志賀さんが良くお見えになったとか、志賀さんはいつもさっぱりとした服装で現れたとか話していたのを覚えています」。

決して美人ではないが、無駄口をたたかず、客の好みを心得て、気配り目配りを行き届かせる一女将のような姿が想像される。

リラの花と短歌

六〜七ページの「諸名氏のカフェエ観」には、鴻乃巣に出入りしていた面々に出したアンケート

（良い印象・悪い印象・希望すること）に対する回答を紙上に掲載したもので、鴻乃巣に対して辛口な回答も多々ある。なお七ページのところで、駒蔵の所蔵していた関根正二の遺稿デッサン画が挿絵として使われている。

創刊号一〇ページの野長瀬晩花の随筆「カッフェエ・ロトンドにて」を見ておきたい。

ガアル・ド・モンパルナスの暗い横道から明るい通りへ出た時はもう十時が少しまはつて居た。寒い夜風に白い息を吐き乍《なが》ら外套の襟を立ててさも用事でもありさうに足早やに歩いてゆく。馴染みのふかい辻便所の広告紙の破れが夜風にカサカサと寒むさうにふるえて居た。教会の表迄来ると、よく此の通りで見受けるカウモリ傘をもつた女が「ボンソワア」と云つてニッコリ笑つてみせた。

文頭の数行で、読む者を怪しげなパリの裏街に誘う。

日本画家野長瀬晩花は、第四章にも登場したが、フランスから帰朝後間もないころ鴻乃巣に立ち寄ったとき、駒蔵から「仏蘭西のカフェの話か欧州旅行の印象記でも書て下さい」と依頼され、この「カフェ・ロトンドにて」を寄稿している。

一八ページの随筆「灰皿の上」は、のちに仏文学者になった岡野かおる（馨）が、大正十年に渡仏したとき、パリで父知十への土産に買った海泡石のマドロスパイプをめぐるエッセイである。

また創刊号には五人四十一首の短歌が載っているが、ここでは鴻巣山人の「雑詠」六首を紹介しよう。

彼の君の肌の匂を思はするうす紫のリラの花かな
我が庭の池の睡蓮一つ咲き蛙およげり雨降る夕
武蔵野の果てと云ふなる浅川の宿に泊まりてもろこしをかく
いたどりの若葉ににじむ血の色は破れし恋の心臓に似る
葛の花松の梢に咲き出でぬオペラ女優のものごしをして
初秋の草に奏する虫の音と筧の水のコオラスを聴く

初めの二首は、リラや睡蓮が咲き乱れるアトリエ「鳩の家」の庭を詠んだもの。第四首、駒蔵特有の言葉の据え方には、思わずドキッとさせられる。これらの歌から、色や匂い、音に対する駒蔵の鋭い感性が伝わってくる。

仏蘭西美術展を観る

駒場の日本近代文学館に現存するもう一冊の『カフェエ夜話』五月号を見ておこう。
表紙〔口絵⑦〕は創刊号と同じく鴻の巣山人の絵が使われている。第三章の京橋「鴻乃巣」新装開店のところですでに触れたが、この絵は大正十一年十月の鴻乃巣新装開店記念ポスターに使われた図柄を借用したものだ。

五月号の目次のなかで主なものを挙げておく。（　）内はページ。

内容は、随筆五篇、小説六篇（長篇一、短篇七）、詩二篇、評論一篇、短歌百八十四首、俳句五点、歌沢など二点の構成である。五月号は創刊号に比べ総じて小品が多く、その代わりバラエティ性は増したが、やや場当たり的な編集で雑然とした観が否めない。また読者層の拡大を狙うためか、読者や店の客から短歌や俳句がさかんに投稿されているようすがうかがわれる。

ここでは五月号のなかでも異色の展評、駒蔵の「仏蘭西美術展を観る」を一部引用しておく。駒蔵は大正十二年四月に上野公園竹之台陳列館で開催された「仏蘭西現代美術展」に出かけ、素人画家としての眼で、大家の作品をつぶさに観察し、感想を書き留めている。

（略）ルドンの作品は昨年の農商務省で見た時、すつかり惚れ込んで居たので今度の作品も興味を以て観たが、前の時ほど感銘しなかつた。それでもここまで見て来た作品の内ではルドン以上に私の頭の奥へ響く作は見当たらなかつた。中にも「黙想」が一番気に入つた。（略）

ヴラマンクの「秋」「河岸」「花」「納屋」共に気に入つたが、中にも「納屋」が一番好きである。（略）

次の室、此室は元老株の作品ばかり並べてあるので一番見ごたゐがあった。先づ右手の第一にピサロの「胡桃木の下」が可成強い光線を取り入れて細かく築き上げたやうに描いてある。其隣にはシスレーの「花咲く樹」が並べられてある。どちらも大家であらうが、私はシスレーの血の泌み出そうな色の生き生きした所に云ひ知れぬ親しみを感じた。（略）ルノアールの小品「桃と梅」の前へ来た時、私の心は一寸甦がゐつたやうな気もちがした。「座せる裸婦」彼の肌の色はいつ見ても好ましい倦きの来ない、見れば見るほど輝きと肉の微動を感じさせられる逸品である。（略）

コランの「裸婦の習作」「名工の像」の前に来た時にはここまで見て来た画に見る事の出来ぬ立派な態度と厳粛な内面的人格の織り込まれて居る作品である。セザンヌ二点好かないものだ。

展覧会で、駒蔵が作品をかなり感情移入して鑑賞しているようすがうかがわれる。このあとの文章で、この美術展で初めて見た作家では、「デラン」が最も気に入ったと書いている。その理由などについては触れていないが、そのかわり駒蔵は、読者にこう訴えている。

栖風の画に千金を投じる日本の鑑識家諸君、此のデランを買はずに仏蘭西へ返すなぞは実に我日本を恥かしめるものだ。金のある人は是非共買つて置て下さい。そして私が金持ちに成つたら譲つて下さい。御願ひです。

駒蔵の気に入った「デラン」とは誰か。またどんな作品だったのか。調べてみると、東京上野にある東京文化財研究所にその展覧会の目録が収蔵されていた。駒蔵がいう「デラン」はドラン Derain のことらしい。目録の「ドラン」には、アンデパンダン出品作として七作品が挙げられており、図録には「白き壺」の一点が掲載されていた。複写はモノクロのため詳細はわからないが、ややキュービズムの影響を受けているようなフォルムであるらしい。

幻の『カフェエ夜話』を求めて

『カフェエ夜話』二冊のなかで私が最も注目したのは、駒蔵自身による随筆「思ひ出づるままに」であった。第二章の「駒蔵の生い立ち」で詳細を紹介したが、「思ひ出づるままに」には、創刊号に五篇（一〜五）、第三号に二篇（九・十）の小文が含まれている。そのあいだの第二号には三篇（六〜八）の思い出話が存在したことは確実である。さらにこの『カフェエ夜話』がその後も順調に刊行されていれば、少なくとも大正十二年九月一日発行の第七号まで印刷されていたと推測される。第二号と第四〜第七号の「思ひいづるままに」に、駒蔵は何を記したのだろうか。

私は幻の『カフェエ夜話』に綴られた駒蔵の思い出を想像する。寺田村から京都の市中に丁稚奉公に出て苦労したことか。あるいは何か横浜に出る決意を促すできごとがあったのだろうか。横浜ではコットの店でどんな修行をしたのだろう。ヨネとの出会いはどこだったのか。ヨーロッパに出掛けることになった経緯は果たして何だったのか。初めに小網町を選んだのはなぜか、などなど、まだ解明されていない駒蔵の秘密の部分がきっと見つかるに違いない。

なお、『カフェエ夜話』第二号（四月号）の存在を証明する文献があるので、ここで紹介しておく。岩波書店刊行の『荷風全集』第二十九巻で、その「荷風筆戯画像」の箇所に、荷風自筆の戯画と戯文が載っている。その文末に、出典は「一九二三（大正一二）年四月一日『カフェエ夜話』」と書かれている。創刊号が三月一日発行だから、これが第二号である。『荷風全集』編纂に早稲田の稲垣達郎教授が加わっているので、収集本のなかの第二号に掲載されていたこの戯画を転載したと考え

但シ当節流行
の「若き血」には
非ず

後一面竹籔の
つもり

小説家
荷風事
久一郎店
壮吉
卯年四緑生

一右の者卑猥なる小説を書き
明治聖代の御風俗を壊乱致
ぃ段不届至極ニ付引廻の上
七日間曝し首致者也

罪状ノ事
一親不孝ノ事
一藝者をだましぃ事
一平面描写を嫌ひぃ事
一洋服をきらひぃ事

此辺海
と知るべ
し

塾監局

応需
残柳亭敗荷画

（一九二三（大正一二）年四月一日「カフェエ夜話」）

荷風筆戯画（岩波書店『荷風全集』第22巻）

られる。

では『カフェエ夜話』の戯画の出所はなにか。おそらく荷風が、メイゾン鴻乃巣で、店主駒蔵から差し出された「案山子帳」（落書き帳）になかば自虐的に描いたものと推測される。

荷風はいつこの戯画像を描いたのだろうか。この謎を解き明かす資料もあった。明治四十五年十月の『三田文学』三巻十号の消息欄。

九月三日夜三田文学会の座談会を鴻の巣に開く。永井先生、久保田、松本、小澤、大庭、市川、坂本、井川の諸氏、当夜永井先生の鴻の巣に残された戯画は振ったものである。

この戯画は、明治四十二年に出版した『ふらんす物語』を発禁処分にした当局への皮肉を込めて描いたものと思われるが、同時に翌年には慶応義塾教授に迎えられ、若者たちに文学を講ずる立場となった荷風の得意な半面の表れでもある。

評論家正宗白鳥の『文壇五十年史』のなかの「文壇的回想」にも、鴻乃巣に残された荷風による落書き「自然主義の徒、荷風を誅せんとす」の話が出てくる。白鳥は、明治末期鴻乃巣にひとりで行くと、店主駒蔵に一筆何か書けと強要されたが、帳面のなかにこの荷風の文句を見つけて「文壇の人気を一身に集めているような幸福人荷風が、こんな事を書いてヤニ下がっている有様を想像した」と書いて、鼻の下を長くした荷風を揶揄している。

ともあれ『カフェエ夜話』第二号の原本はまだ見つかっていない。

ちなみに『カフェエ夜話』創刊号・第三号は復刻版が出ていて、図書館で読むことができるようになったことは嬉しい。平成二十三(二〇一一)年、和田博文氏により出版された柏書房の『ライブラリー・日本人のフランス体験』第十七巻『グルメのなかのパリ』という分厚い本のなかに収められている。ただし、駒蔵の描いた表紙絵がカラーでないのは残念である。

第五章　駒蔵の晩年・死とその後

1　駒蔵の死まで

　ここまで見てきたように、奥田駒蔵は日本橋小網町に最初の店を出してからほぼ三年ごとに、本業である「鴻乃巣」の規模拡大に加えて副業「まるや」の開店など、つぎつぎと新規展開を図ってきた。そして京橋店改築で、ハード面の整備はほぼ完了したと考えたのだろう。大正十二年春に着手した雑誌『カフェエ夜話』の刊行は、駒蔵の単なる道楽としてだけでなく、料理店経営者としてソフト面の充実を図ろうとしていたのかもしれない。駒蔵は、月刊雑誌づくりに余力を傾注する充実した日々を送っていた。

　駒蔵は壮年四十一歳、妻ヨネは三十四歳。夫婦が十五歳になった息子一夫の成長に目を細めていたこの年の夏、思わぬ番狂わせに遭遇する。

関東大震災の発生

大正十二（一九二三）年九月一日正午前、相模湾沖を震源とするマグニチュード七・九の大地震が関東一円を襲った。家屋の倒壊、列車脱線などに加え、昼食時と重なったため、各地で火災が発生、死者十万人余、被災者百六十万人を数える未曾有の大災害となった。前年に改築したばかりの駒蔵の店「鴻乃巣」、そしてスッポン料理店「まるや」も灰燼に帰してしまうのだ。

義兄の記した「覚え書き」に、この日の父一夫の記憶が綴られている。

　震災の当日、父は土曜日だったので、学校から昼前に帰り、鴻乃巣の二階でポークチョップを注文して待っていたところ、大地震がやってきて、三階からコックさんとウェートレスの人たちが一塊となって本当に転がるように階段を降りてきたと云っておりました。父が冗談に大正十二年九月一日のポークチョップをまだ待っているんだと云ったことがありました。その後建物の前の電車通りに出て、建物の揺れ具合を見ていたようですが、鴻乃巣は木造建築だったので、揺れに対してよくしなり、隣の石造りの建物との間が大きく開くときがあるので、恐ろしかったといっていました。

一夫は暁星中学校に通う四年生だった。この日二学期の始業式に登校し、昼前早めに帰宅したのだろう。木造四階建のビルは、地震の揺れだけでは倒壊しなかったが、その後の火災で焼失してしまう。

震災直後の京橋一体の被災状況を物語る貴重な写真のコピーがある。

これは南鞘町の野田一貫堂の方が撮影したものだが、野田一貫堂は漢方薬や葉茶を扱う店で、「まるや」はその家作を借りている。また北大路魯山人の大雅堂美術店は野田一貫堂のすぐ向かい側にあった。

写真は全部で九枚。なにせコピーなのでいずれも不鮮明だが、一貫堂の二階から荷車の行き交う通りを撮ったもの、向かいの大雅堂の正面に「飲料水あります」の札が下がっているものなどある。そのなかに「鴻乃巣」の焼け跡の写真が一枚混じっていた。

この写真、瓦礫の前に一枚の立て札とその横に四人の男が並んでいる。棒杭に打ちつけられた木札に「鴻乃巣一家無事」が大きな字で二行に墨書され、その下に小さな字で「北蒲田鳩乃家ニ立退キ居候」と四行に分けて書いてある。四人の男のうち左端の少年が、駒蔵の息子一夫、その隣にいる尻端折りの着物姿がおそらく駒蔵だろう。編み笠の下の顔は黒くつぶれているのでわからないが、煙草をくゆらせているようだ。右端の男は学帽を被っているので、一夫の友人かもしれない。「鴻乃巣一家無事」の立て札は、駒蔵自筆の家族や店の消息を知らせる簡潔なメッセージであった。

もう一つ、震災の九月一日から二日にかけて駒蔵の書き留めた貴重なメモがみつかった。義父の遺品のなかにあった駒蔵の一冊の画帳、これは第四章にも書いた画帳のことだが、このアルバムの裏表紙に、なにやら鉛筆で殴り書きした跡が辛うじて見てとれた。眼を皿のようにして解読した結果、左記のような震災時の生々しい状況が、あぶり出しの文字のように浮かび上がってきた。

九月一日午前十一時五十八分、振動弱まる。午後三時自動車にて蒲田鳩の家に逃る。途中大森にて倒家のため下車。入新井を通り抜けて到着す。徹夜す。翌二日午後一時頃□報を□て馬場先門外に来る。皆無事。（嘉次其他）持ち出した物と共に止まるとの事。再人足を雇ひ入れて荷物と共に行くべく支度をなしたるも、行くもの一人もなし。十円の金を出すと云ひたるも

（略）〔□は判読不明〕

震災後の混乱のなか、駒蔵の身辺の息づまるような場面である。「自動車」で避難したとあるが、こんなときに走っているタクシー（？）などあったのだろうか。不明の部分はおそらく、「電報を打って」の意だと思われるが、電信は機能していたのだろうか。集まった従業員たちが鴻乃巣の店内から使えるものを持ち出すことはできたようだが、十円の札ビラを見せても運搬人を雇い入れることは難しかったと見える。

ここに書かれている避難先の「蒲田鳩の家」については、前述の「鴻之巣一家無事　北蒲田鳩乃家ニ立退キ居候」の立て札と一致する。駒蔵がアトリエとして大正十年秋に建てた「鳩の家」は無事だったとみえる。

『蒲田町史』によれば、北蒲田は震災による物的被害は比較的少なく、火災も発生していない。しかし北蒲田以外の地域は橋梁の破損、家屋や工場など建造物の倒壊、液状化現象発生による倒壊もかなりあったようだ。ひとまず一家が「鳩の家」に落ちつき、避難生活を送ることができたのは幸いだった。

しかしこの震災で、駒蔵は大切な親族二人を失っている。一人は、駒蔵の甥奥田順蔵、兄庄太郎

の長男で、このとき二十三歳。ふるさとを離れて駒蔵の店で働いていた。彼はその日、横浜で被災したという。もう一人は、横浜オリエンタル・ホテルの経営者L・コットである。第二章で述べたように、フランス人コットは駒蔵の妻ヨネの姉と結婚しているので、駒蔵にとって義理の兄にあたる。また、コットは駒蔵が横浜で西洋料理の手ほどきをうけたと考えられる人物である。

震源に近い横浜は東京より揺れが激しかった。横浜市史編纂係による『横浜市震災誌』に、この関内東南部（山下町）の状況が記録されている。

上下動の激震突如襲来するや、煉瓦造りや石造の旧式の建物は、見る見る一斉に倒潰した。この町一帯は埋立地が多いので、地盤が極めて弱かつたから、一層倒潰を早めたのであらう。建物の内にゐた人はもとより、通行人でも殆んど逃げる暇はなく、破壊した建物の下敷となつて圧死したのである。（中略）

海岸通りにあつたグランドホテルとオリエンタルホテルの被害も、亦酸鼻を極めたものであつた。両ホテルは、何れも煉瓦造りの大建物で、見晴しのよいところであつた。両ホテルでは常に夜会、舞踏会が開かれ、在留外人の楽しい遊び場であつた。当日は丁度午餐時であつたが、大地震が来ると同時に二ホテルは瞬く間に崩壊した。宿泊中の外人や、午餐に来てゐたお客や、事務員・ボーイは過半数建物の下敷となつた。（略）オリエンタルホテルでは死者五十名を出した。

第四章に登場した駐日フランス大使ポール・クローデルは、この大震災を体験した外交官のひとりである。震災当日東京で被災し翌日横浜入りした大使は、その惨状を目の当たりにし、死亡した領事に代わり、自ら救援活動の指揮を執っている。彼がその後本国政府に書き送った震災の報告書が著書『孤独な帝国　日本の一九二〇年代』に収められているが、この記録によれば、横浜におけるフランス人の死亡者のなかに、L・コットの名もあり、クローデルは、「善良で尊敬に値するフランス人、オリエンタル・ホテルの支配人コット」と記述している。これはクローデルとコットが震災以前に旧知の関係にあったことを示しているのだろう。

コットはホテルの下敷きになって死亡した。おそらく甥順蔵も一緒にいたのではないだろうか。駒蔵一家が鳩の家に避難したときはまだ二人の死を知らなかったのだと思う。

余震が続くなか、駒蔵の頭は早くも復興に向けて模索を始めていた。

奇抜なる復興計画

震災後、焼土と化した首都東京に、雨後の筍のようにバラック建築が建っていくなかで、駒蔵が「鴻乃巣」再建に絞った知恵は、意表を突くものだった。

カフェー鴻巣は、青く塗つた御殿風の建物ではあるが、ちんまりした構へであるから、背後に堆《うずたか》く積れた焼土が黒く見えて、何んだか芝居の舞台のやうに感ぜられた。

これは雑誌『実業之日本』（大正十二年十二月）のなか、「東京の夜　日本橋から銀座まで」（光草生筆）に描写された震災後の「鴻乃巣」の姿である。

「青く塗った御殿風の建物」、そして「芝居の舞台のやうな建物」とは奇妙な表現だが、この建物こそ、実は「鳩の家」だったのだ。

前述の大正十四年刊の『食行脚』（東京の巻）に、「鴻乃巣」は次のように書かれている。

「鴻之巣山人が、震災直後の拾一月、曲線美の建築として誇つてゐた、蒲田の画室を運んで、原形其儘に建てた、裏表打通し四拾坪の食堂と、二階十二畳一室を持つレストラント」とある。

つまり駒蔵は、震災時避難していた北蒲田「鳩の家」を急遽移築し、四十坪の食堂部分にあて、その後部の、おそらく急ごしらえの二階建ての建物に十二畳の宴会場と厨房を設けてつなげたのだろう。ともあれ駒蔵は、震災から二ヵ月後の十一月のうちに「鴻乃巣」を不死鳥のように蘇らせたのである。

またこの年十二月に出された『建築写真類聚』（洪洋社）でもバラック建築の一つとして「鴻の巣西洋料理店」の写真が紹介されている。やはり一際目立つ建物だったからだろう。

面白いのは、十二月の時点で「鴻の巣」と「まるや」の広告が並んで読売新聞に掲載されていることだ。鴻乃巣の方は、「新築落成！」のあとに、「鴻乃巣は乙姫様の住居なり」と小さな字が添えられている。外観から竜宮城を連想しての駒蔵独特のユーモアに、明るい笑いを誘われる読者もい

バラック建築「鴻の巣西洋料理店」（大正12年12月『建築写真類聚』所収）

たに違いない。

待てよ、「まるや」は焼けて無いはずだ、と思っていたら、「風流すつぽん料理まるやは日本橋へ新築中に付、当分の間鴻乃巣にて営業」とかかれており、この時期一つの店で、フランス料理とすっぽん料理が同居していたことがわかる。

震災の翌年、東京で発行された写真はがきに、鴻乃巣が写っているものがある。中心は千代田生命保険会社のビル。九月に竣工した鉄筋コンクリート造りの社屋が威風堂々と建っている。その手前にある鴻乃巣は、まさにバラックのように映る。その対比に苦笑させられるが、この写真はがき、彩色されてカラー刷りとなっていて貴重なものである。〔口絵④〕

さて鴻乃巣は、急場しのぎの建物は確保したものの、以前のような営業はできなかった。

このころのようすを、『食行脚』はつぎのように描写している。

カフェー、レストラントに於ける、バタ趣味の輸入元鴻之巣は、震災後ガラリと営業方針を民衆化して、定食の如きも、震災前の半額、昼食一円、夕食二円としてゐる。しかし料理の実質には変りがなくて、其の献立が、半減されて居るに過ぎないから、矢張洋食としての真味は、依然此店に依つて味ひ得られる。

著者奥田優曇華の駒蔵に注ぐ眼差しが温かい。被災者の多くが疲弊しているなか、駒蔵は料理の値段を半額に、献立を半分に減らして提供している。店を再開した直後には、定食（料理二品、パン、コーヒー付き）が六十銭だったとの記録もあるので、駒蔵の同じ被災者へのやさしい心遣いが感じられる。

「まるや」再建

大正十三年三月末、かねてから新築中だった「まるや」ができ上がる。
「まるや」は、元の位置ではなく、日本橋区上槙町六（中将湯横）に場所を移して再開した。
そのころの東京朝日新聞の広告にこんな文が載っている。

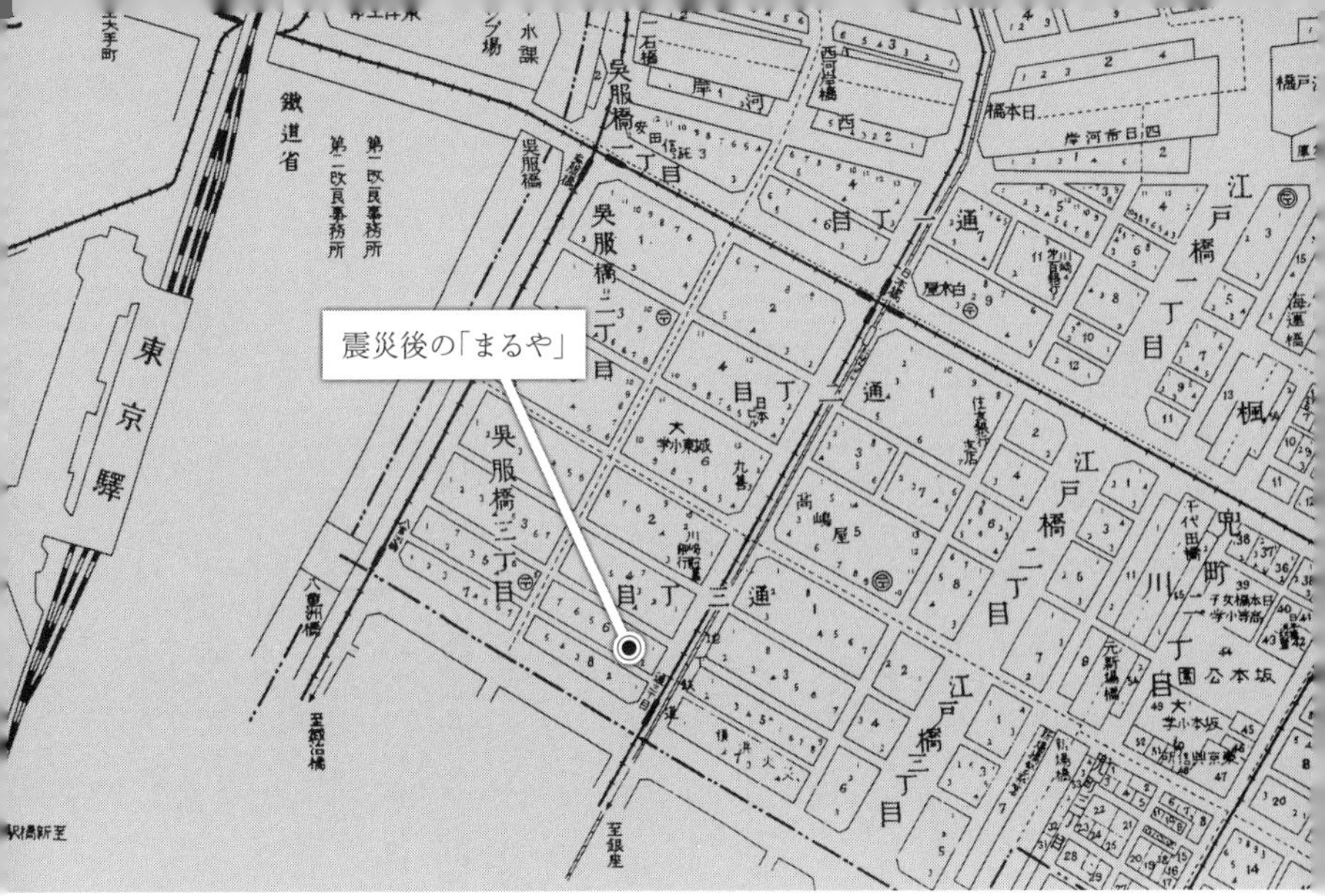

地図6　震災後の「まるや」（日本橋区上槙町6、のち町名変更日本橋通3丁目6）
大正13年3月〜昭和20年3月

バラック建築のならぶ町で赤壁のまるやが一層目をひいて居ります。庭は目下築造中です。浴室も出来ます。全部落成しますと素晴しいものです。御料理の効能は申し上げる迄もありませぬが、おいしくて精力の増す事は食味界の王様でせう。一度召上がると血が踊ります。

「すつぽんをたべたその夜のあたたかさ」

小網町時代を彷彿させる冴えたコピーが紙面に踊り、再起にかける駒蔵の意気込みが伝わってくる。

『食行脚』にある「まるや」の記述は、震災後のこの店がかなり本格的なスッポン料理店に変貌していることを物語る資料として、興味深い。

「月を見て涼を入れ、鼈《べつ》を煮て寒を凌ぐ、高尾もよし夜鷹も可なり竹光もよし」

馬琴一流の警句は、読んで味ひあるも、寒を凌ぐ鼈のみを説いて、珍味天下に冠絶せる、鼈あるを説かなかつたのは物足りない。京都の大市は、創業二百余年の歴史を持ち、日本最古の「すつぽん」料理屋として有名だが、其の流を汲む「まるや」は、大正七年京橋南鞘町に、東京では稀らしい「すつぽん」料理専門の店を張つた。震災後現在の場所に移り、瀟洒な中庭に面する、新建五室の小薩張《こざつぱ》りした客間で、一室一組の待遇を執つてゐるが、込合ふときの設備として、店の入口に待合室の設けもある。

店主は鴻之巣山人と号し、その余技に弄ぶ、奔放洒脱な蛙の百態画は、流俗の歓心を求むることにのみ急なる、現代の堕落せる画界に、輝ける明星の、夫れの如き観がある。

此人にして此の「すつぽん」料理あり。其処に「まるや」が、万緑叢中紅一点の光りを、保つて居るのではあるまいか。普通三時間位で煮る肉を、お客が来てから、二十分内外で煮付けるのと、油濃い肉を淡白な味にすることが、此の料理の秘伝である。肉鍋も二人用、一枚十円の特殊な楽焼きで、其の製造には、余程の吟味を要するから、完全な釜元は、本場でも只一軒しか無いと言ふ。すつぽん鍋一人前三円五拾銭、牛鳥料理に比べて、著しい高値だが、美味と滋養とは亦著しい相違がある。

「まるや」特製の、すつぽんのすーぷ一瓶一円、すつぽんのすーぷ煮一瓶三円、何れも病後の補血強壮剤として、医界の推奨を受けて居るが、之れを温めて食膳に供すれば、無上の珍味を、賞し得る様に味がつけてある。

鴻巣山人を持ち上げ過ぎていて面映いが、東京にあって本格的なスッポン料理を食べさせる「まるや」を手放しで礼賛している。もちろん「京都の大市に流れを汲む」に確証はない。またもとの南鞘町の「まるや」開店を大正七年としているが、これも八年の誤りである。

大正十三年四月二十七日の新聞には「スッポン料理　月夜荘　まるや」の横に、小さく「スッポン宣伝用語佳作集発行す。ドシドシ御投稿を乞ふ」をいれた広告がある。駒蔵あいかわらず、宣伝がうまい。「月夜荘まるや」とは、洒落た屋号を使っている。

そして五月十六日の東京朝日新聞に、駒蔵のスケッチをいれた「まるや」の広告が載っていた〔口絵⑬〕。庭が出来上がり、全体が完成したのだろう。個室に面した庭にツクバイや五輪塔があり、蛙が鍋を風呂敷に包んで出前するところまで描かれている。一人前三円とある。このころ駒蔵は蛙を好んで描いている。

震災という番狂わせに見舞われながらも、起死回生。再び好きな絵筆を振るう得意満面の駒蔵の姿が目に浮かぶ。

駒蔵四十三歳で死す

震災後、鴻乃巣が不死鳥のように蘇り、まるやも本格的に再開したというのに、肝心の駒蔵に異変が訪れる。大正十四（一九二五）年の秋、駒蔵は半月ほどの病臥ののち、十月一日朝七時、あっけなく逝ってしまった。さまざまな難局もなんとか凌ぎ、大車輪で駆け抜けてきた駒蔵のエンジンが、急に停止してしまったのだ。

十月二日付読売新聞のゴシップ欄に駒蔵の死が報じられている。

南伝馬町のフランス料理鴻の巣のおやぢ奥田駒蔵君が死んだ◇鎧橋際から木原店をへていまの店へ来るまで此男文芸家仲間からは随分愛されたものである◇先年からすつぽん料理もやりはじめ中将湯横町に「月夜荘」を営んで食通を招んでゐた◇おやぢは文化学院の割烹の講師をやつてゐたり鴻の巣山人の名で一流の日本画の展覧会まで度々やつたり画も鳥渡《ちよつと》書けば篆刻までやる個人雑誌も出すといふやうに永年の交友知己の好影響に持前の才分も働いて中々多芸な男だつたのに◇とにかく可哀さうなことをした。

駒蔵の葬儀は十月三日、赤坂区台町にある報土寺で営まれた。十月二日付の東京朝日新聞に告知広告が載っている。

鴻巣山人奥田駒蔵臥病中の処十月一日午前七時逝去致候間此段生前の知友諸君に御通知申上候。
追つて来る三日午後一時より二時迄の間赤坂区台町報土寺に於て告別式相行ひ申すべく候。

駒蔵葬儀の写真（赤坂台町報土寺）

告知には、親族の筆頭に嗣子奥田員弘（一夫）の名、親戚として駒蔵の兄奥田庄之助、総代に妻ヨネの兄山崎初五郎の名があり、そのあとに友人総代として岡野知十、与謝野寛、里見弴、田村彦兵衛の錚々たる面々が名を連ねている。最後の田村彦兵衛は、鴻乃巣が京橋に移転したとき角を接していた田村帽子店の店主である。

奥田駒蔵の葬儀のときの写真が四枚残されている。

一枚は葬儀に参列した総代および親族二十数名がかしこまって座っている写真。前列七人の中央に与謝野晶子、その左側は岡野知十だろうか、与謝野寛、さらにおそらく田村彦兵衛と思われる人物が座る。晶子の右には駒蔵の兄庄之助、その右二人は庄之助とともに参列したふるさと寺田村の親族にちがいない。二列目には妻ヨネの親戚たち、その後ろに甥やそのほかの親族が居並んでいる。

二枚目は、駒蔵の棺と祭壇の写真。戒名の書かれた位牌と、棺の上に二つの花束がおかれている。右側にみえる献花には田村彦兵衛の名前がある。

三枚目は祭壇の左側を撮ったもの。献花に添えられた六枚の名札を読み取ることができる。右側の「与謝野（寛）」、手前に「井上正夫」「谷崎龍子」「臼井律子」、奥には山崎初五郎の名前、京橋通町内会らしき札。井上正夫は映画「寒椿」の主役だった舞台俳優、谷崎龍子もそのころ売り出しの女優、臼井律子については不明である。

もう一枚の写真は、喪主である黒紋付姿の息子一夫と白装束の妻ヨネが祭壇の前で合掌礼拝しているもの。このとき一夫はまだ十七歳、ヨネは三十六歳だった。脇に並ぶ親族の女性たちも白装束である。

告別式会場となった報土寺は、現在も港区赤坂にある。江戸寛政年間の名大関雷電為右衛門の墓があることで、相撲関係者に知られた寺で三分坂に沿ってめぐらされた築地塀と雷電が寄進した鐘があり、東京都の名所のひとつになっている。駒蔵の葬儀がなぜこの報土寺で行なわれたかは不明だが、のちに駒蔵の遺骨は故郷寺田村に納められたという。

与謝野夫妻の哀惜の情

駒蔵死去の報せは、与謝野夫妻にとってかなり痛手であった。写真にあるように、夫妻はそろって葬儀に参列している。葬儀後の十月五日、与謝野晶子は読売新聞に「鴻巣山人の死」と題する十首の追悼歌を寄せている。晶子の歌の傍らに添えられた駒蔵の若々しい顔写真が痛ましく、涙を誘う。左の十首である。

わが友の一人鴻巣山人もまた世に在らずなりにけるかな
わが涙尽きず流るゝ心いとめでたき人も死ぬことわりに
よき心玉の如しと云はれたる多くの人にまさる山人
山人を論《あげつら》ひえずまぼろしの山人の目のなほも笑へば
山人を中に絵を描き歌を詠み楽しみし世も無くなりにけり
帰りこぬ人と思はず戯れのここちこそすれわが山人よ
山人がわが亡骸の通夜に来んさまも思ひき身の弱くして
駅亭に絵の道具もち先づ立てる君も混へし旅もしがたし
灰ぐらくいとも艶なるところにて亡き山人の何思ふらむ
大きなる真白き鴻の巣の中に隠れはてぬと思ひなすべき

友ともいうべき鴻巣山人を失った晶子の哀惜の情がどの行にも溢れ出ている。

また十月十九日発行の『明星』七巻四号の「一隅の卓」に、寛はつぎのように書いている。

鴻巣山人の死
與謝野晶子

鴻巣山人 故奥田駒蔵君

与謝野晶子「鴻巣山人の死」
（大正14年10月5日読売新聞掲載）

メエゾン鴻之巣の主人で、芸術家の間に交友が多く、自身も絵や彫刻を試みて素人芸術家を以て任じてゐた奥田鴻巣氏が、半月ばかりの病気で十月一日に亡くなつたのは惜しい事である。氏は「明星」や文化学院の為に陰になつて尽された所少くなかつた。自分達の為には殊に何かと深切に世話された。木下杢太郎氏其他パンの会以来の知人に由つて氏の小伝でも書いて欲しいものである。

そしてつぎの十二月一日発行の『明星』七巻五号は、晶子の筆。

十一月廿日より五日間「鴻之巣」に於て鴻巣山人遺作展覧会を友人達が催し、故人の雅懐を追念すると共に入札を以て頒ち合ひました。

駒蔵の小伝が書かれた形跡はないが、『明星』に集う人々を中心に駒蔵の遺作画展を開き、入札で絵を求めた友人たちの志を遺族に届けたのだろう。「自分たちの為に殊に何かと深切」にしてくれた駒蔵への、夫妻の懇《ねんご》ろな心遣いに気づかされる。

さらに翌年一月一日発行の『明星』八巻一号に、晶子の報告が出ている。

去年の十一月下旬に催した鴻巣山人の遺作展覧会は観に来て下さる人達が多く作品は全部売切

れました。某氏の如きは一人で拾五六点も引受けて下さるのでした。

某氏とはだれなのだろう。駒蔵が多くの人々から愛されていたことの証しである。

岡野知十の友情

駒蔵の葬儀で、与謝野寛、里見弴らとともに友人総代として名を連ねている岡野知十は、本書でもたびたび登場しているが、駒蔵の晩年を支え、最期まで駒蔵と肝胆相照らす仲だったと思われるので、ここで改めて触れておきたい。

岡野知十は俳人として知られる粋人だが、明治二十年代の後半から、主に俳諧の分野で新聞や雑誌に闊達な文筆を揮う一方、大正四年から医学者富士川游博士らと料理試食会を催し、同年四月雑誌『料理研究』を発刊。以後、食に関する分野でも雑誌などにさまざまな文章を残している。大正十二年には雑誌『郊外』の発行に関わり、「自然の美と心の自由の象徴としての《郊外》」（紅野敏郎「解題」）を意識して編集している。彼が集めた俳書は関東大震災後寄贈され、現在東京大学総合図書館に、「知十文庫」として収められている。

岡野知十夫妻は、合わせて八人の子どもを授かったが、そのうち四人は、まだ幼子のまま明治年代のうちにバタバタと命を落とすという不幸を経験している。二男恵二郎は、三歳のとき養子となって木川姓を継いでいたが、この惠二郎も結婚後一年足らずの大正十三年一月、二十六歳で死亡してしまうのである。

このとき、息子を失った知十に対して、駒蔵は追悼文を寄せる。それが同年八月の雑誌『郊外』に、鴻巣閣主人の名で「湖上人と私」と題して掲載されている。

一昨年の事である。私が里見弴氏から頼まれて同氏所有の地所を、木川氏へお世話した事があつた。地所の仲介なぞは柄にない事であるが、木川氏が常から里見氏に私淑してゐられた心持ちから其地所に一種の親しみを感じてゐられたのであらうと思ふ。それで話はすぐに纏まつてしまつた。場所は鰻で有名だと聞く我孫子の手賀沼の東北で、志賀直哉氏の直ぐ向う側になつてゐる沼に近い丘の中段で、沼に面した所には数本の大きな椿の木があつて木の間からは沼べりの芦の茂みや白く光る手賀沼が見渡される。向う岸には森と畑とが展開されて中々景色の豊かな所である。

其年の夏の或る日曜日に、知十先生と木川氏と私の三人で我孫子へ出掛けて行つた。其日は夏にも珍しい暑い日であつた。帷子《かたびら》を通して沁み出る汗はしぼる程であつた。ハンカチを片手に汗をふきながらあゑぎあゑぎ××やと云ふ此土地では有名な料理店へ着くと直に水の風呂へ飛び込んでホッと一息したのである。そして冷し西瓜のおいしいのをたべて漸く生き返つた心持ちになつた。ゆつくり昼食を済してそこを出た時、木川氏は今まで給仕をして呉れた女中の下等な無作法な事をいかにも気味の悪い物にふれた時のやうな心持で話された。同氏は人一倍潔癖な神経質な方であると同時に純な生一本の白絹のやうな人であつたやうに私は思つて居る。

翌年、その駒蔵も急死してしまう。知十は二男惠二郎に寄せた駒蔵の哀惜の情に応えて、『郊外』十一月号に「湖上の茅舎にて」の題で追憶をつづっている。

鴻巣山人が眼の前に立つて居るやうな気がする。椿の木の間から沼を見渡して。檐《ひさし》の丸木柱にもたれて。

あの時はまだ児惠二が居た。里見さんの我孫子の地所を山人が仲に立つて、惠二に譲つておもらひ申した時だつた。三人で真夏の炎天にこの湖畔に出掛けた時であつた。山人は故惠二の追憶にこんな事を書いて居る。〔前記文中の部分引用あるが省略〕

最少の惠二がまづ逝き、中年の山人が亦逝く。老年の私がたゞひとり生き残つて、湖上に追想に追想をかさねやうとは。どうも眼前にちらついて思ひ切りがわるい。

三人で食ひし西瓜の赤かりし

（十月四日、山人葬儀に列せし翌日、手賀沼に遊びて）

岡野知十のこころの空洞に、サッと無常の風が吹き抜けていく。この文章をはじめて読んだとき、私は知十と駒蔵の親交の深さを改めて忖度《そんたく》することができたのだった。そして駒蔵の葬儀に際して、友人総代として知十と葶の名が連なる理由も解ったのである。

「生き残つた」知十は昭和七年に亡くなる。長男の岡野馨は知十の死後、句集をいくつか編んでいる。そのなかに里見葶、駒蔵、息子馨とともに会食したときの句「たはいなきはなしのはづむ長夜かな」もあった。

充分調べたわけではないので確かなことはいえないが、知十が食にこだわったのは、単なる美食家というだけではなく、身近にあった命の脅威から身を守るための栄養学的な観点も持ち合わせていたのではないだろうか。

家族の決断

駒蔵の死は家族にとってあまりにも突然だった。残された妻ヨネと息子一夫、「鴻乃巣」と「まるや」の従業員たちは途方に暮れたに違いない。

駒蔵の一人息子一夫は、このとき文化学院大学部の一回生だった。文化学院は発足当初は中学部だけの女子教育の場だったが、最初の入学生が卒業を迎える大正十四年には男女共学の大学部（本科・美術科）を設置している。ここに駒蔵は、暁星中学を卒業した息子一夫を進学させていた。

何よりも大変だったのは借金の返済だった。

大正五（一九一六）年に京橋に店を移してから九年のあいだ、自由人鴻巣山人は好きな絵を描き、吟行に同行し、雑誌を刊行するなどと、あたかも風流人の如くふるまったが、金銭面でも実に忙しかった。大正八年「まるや」開店、十一年「鴻乃巣」改装、十二年大震災後の「鴻乃巣」の再開、十三年「まるや」新築と、立て続けの事業展開だった。その合間にアトリエ「鳩の家」まで建設している。その揚げ句の急転直下である。さらに赤坂に別宅があったとか、小田原に家があったとの証言もあり、果たして主が知っていたか知らぬか、台所は火の車だったのだ。

どんな風に借金を整理したのか記録はないが、駒蔵が蒐集した絵などの処分もこれに充てられたようだ。関根正二の油絵やデッサンも、すべて奥田家には残されていない。

そして最終的に家族が決断したのは、「まるや」一本に絞っての再建だった。

この決断を促したのは、駒蔵の震災後の復興計画が影響を与えていたと私は考えている。

関東大震災後、被災地の建築物について、通称「バラック令」と呼ばれる特令が公布された。「大正十三年八月末までに着手し、大正十七年八月までに除去する仮設建築物は、建築基準を適用しない」とのお触れである。

駒蔵が鳩の家を急遽移築して鴻乃巣を再開できたのは、まさにこの特令があったからで、それだからこそ大正十七（実際には昭和三）年までに除去して立て直さねばならず、日本橋に本格的な日本建築で新築した「まるや」の方は、その後も営業が可能だったのだ。震災に続く店主駒蔵の死により、家族は大きく舵を切ることになる。

2　スッポン料理「まるや」と魯山人

発案者は誰か

息子一夫は文化学院をやめ、古くから働いていた従業員と力を合わせて奮闘したのだろう、スッポン料理屋「まるや」の評判は上々であった。この「まるや」は終戦前の東京大空襲で焼失するまでのおよそ二十年間、東京駅八重洲口近くにある日本橋通三丁目六（旧日本橋区上槙町六）で営業を続け、駒蔵亡き後の奥田の家族を支えていくことになる。

そもそも駒蔵がスッポン料理屋を始めるきっかけについては、これまでも何度か触れてきた。しかしながら一部で北大路魯山人にまつわる逸話が一人歩きしているため、混乱を招いているともいえるので、ここでもう一度時系列に沿って整理しておきたい。

駒蔵が初代「まるや」を、京橋区南鞘町六に開業したのは、大正八年三月立春のころである。それより以前のいつごろから、駒蔵の周辺でスッポンの話が浮上したのだろうか。

東京朝日新聞に掲載された「鴻乃巣」広告

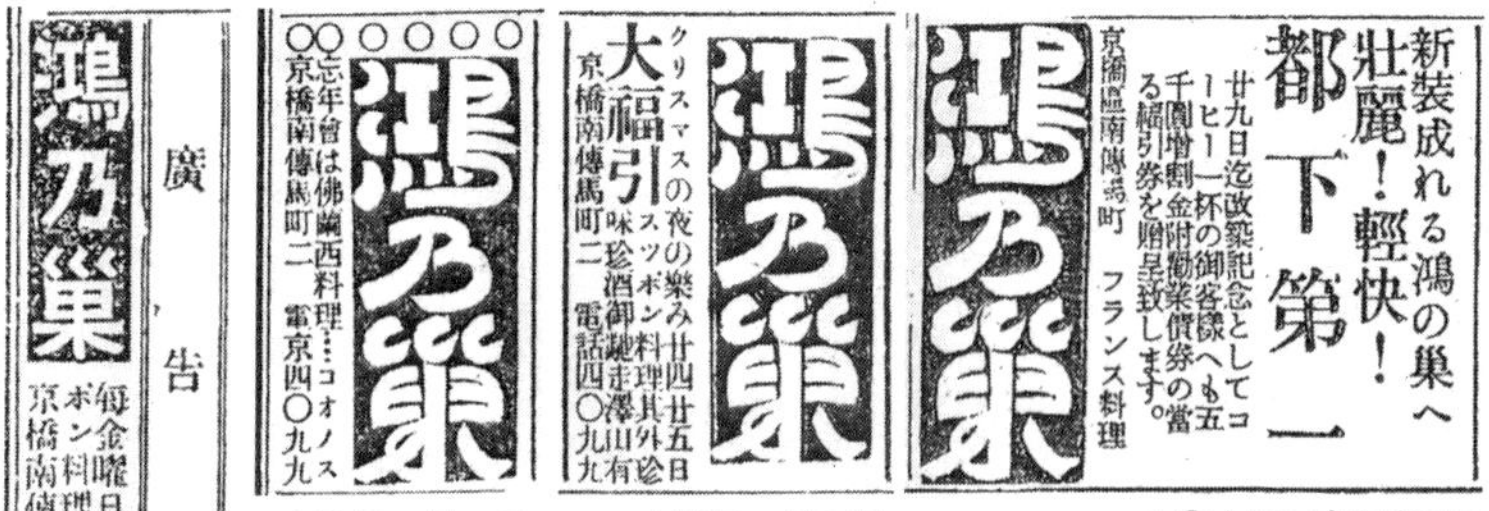

▲②同12月10日　▲③同12月24日　▲④大正11年3月26日
◀①大正7年2月15日

①と②③④は鴻乃巣の文字が異なる。②③④は字体から魯山人の彫った雅印の可能性がある。

岡野知十は大正八年の『新家庭』七月号の「京都風のスッポン鍋」で、駒蔵とのやりとりをこんな風に書いている。

「鴻の巣」の亭主は元来多趣味のいつかスッポンの味にスッカリ惚れこみ、イイエ全く私もはじめはスッポンは精力をつけるにはこの上もないといふ事は体験しましたが、それが京都に遊び段々に食べ味ふと風味の上でも今はこの位口にこたへるものはないと思ひますト。かういふ話をしたのは同店が木原店に居た時分で…（後略）

木原店のころといえば、大正二年十一月から五年十月京橋に移転するまでのことである。少なくとも木原店のころから、駒蔵が「スッポンの味にすっかり惚れ込んでいた」ことは確かだ。

京橋に移転したあとの大正七年二月十五日の東京朝日新聞に、「毎金曜日スッポン料理」との鴻乃巣の広告が載っている。西洋料理でカメは高級な素材でもあるようだが、ここにはっきりと、「スッポン料理を毎週出す」と宣伝している。それまでは求めに応じて提供することはあったのか、好評につき、毎週出すようにしたのだろうか。

そして大正八年三月発行の雑誌『新家庭』のなかの「京都風の料理」で、岡野知十はこう書いている。

まず知十は、近ごろ鴻乃巣の店主駒蔵が、心機一転京都趣味に染まったのは、常連客の一人北大路魯卿氏に吹き込まれたからだと述べている。その表れとして、駒蔵が趣味の洋画を邦画にかえたこと、魯山人に彫らせた「鴻乃巣」の表看板は、すでに店頭に掲げられ、市中の評判になっていること、また店頭の赤い大提灯が京都趣味を発揮していることを挙げる。そのあと、こう書く。


亭主はさうした京都趣味が高まつて、この立春から近所の中通りへ支店を開き、これは京都風のスッポン一式の調理を侑める事になり、この雑誌の発行の頃は、私はその開店の何か京都めいた小座敷で、スッポンの土鍋を前に開業の小盃を挙げる事になりませう。


おそらく駒蔵は、大正五年「鴻乃巣」を京橋に移転したのちに、店の客となった魯山人と出会い、中村竹四郎と同様その毒気にすっかり当てられ、日本趣味、京都趣味に宗旨替えする。いや、もしかしたら一旦遠くに置いてきた故郷京都を再発見したのかもしれない。西欧の香りの象徴だった仏蘭西料理店を、駒蔵は魯山人の影響を受けて、日本趣味に回帰させていくのだ。

魯山人とのあいだですっぽんの話がどのように出されたのかは不明だが、のちに魯山人は、「鴻の巣」にすっぽん料理を教えてやったのは自分だと言ったり、書いたりしているので、それが一般に流布して定説になっているらしい。

たとえば、だいぶあとのことだが、昭和六年の『文藝春秋』に、魯山人と直木三十五らとの対談記事があり、次のように語っている。

直　木　東京で鼈料理といふものがありませんが、どういふ訳ですか。

北大路　それはですね、東京でやらうと思ひますと、東京の事だから、鼈は一枚二百匁のものを標準とするのですが、それを一日二十枚づヽ潰すとすると、品物がないのですね。それでどうしても出来ないのです。私は前から考へて、東京ではまるやといふのがあります。あれは私が鴻の巣に教へてやつたんですが、あれは日本のでやつたんですが、日本の良い品を東京で手に入れるのは不便ですね。関西から買ひますと、京都の大一（市）がやつて居ります、ボンヤといふものがあります。そこで買ふより他に方法がない。ところが大一（市）といふのは、私の考へた所では日本で獲る良い鼈の七割を使ふ。

のちに料亭星岡茶寮の共同経営者となった中村竹四郎が、機関誌『星岡』六十三号（昭和十年十月）に載せた「美食倶楽部以前」によると、彼は大正五、六年ごろから魯山人と連れ立ってうまいものを求めては料理屋を食べ歩き、「鴻の巣」にも毎晩のように行ったという。

あんまり行つたものだから終ひには鴻の巣の親爺さんとも懇意になつて仕舞つて、果ては此親爺さんを引張り出して、又他へ飲みに行くやうになつた。此人も亦かなり趣味的の人で自分で画を描いたりするものだから、北大路君に認められて、之亦芸術を談ずる様になつてしまつた訳である。

気になるのはそのあとの記述だ。

恰度その当時の事である。京都の大市のすつぽんがうまいが、東京にはああいふのがない。あれを東京でやつたら受けるに違ひない。何うだ一つ君やらんか、さうすれば我々も京都まですつぽんを食ひにわざわざ出かけて行かなくてもいい、といふやうな話を北大路君が此の親爺に持ちかけた。

するとと鴻の巣の親爺もそれは面白い早速やらうといふ。そこで、友人の野田一貫堂の家作を開けさして、早速すつぽん料理の店を出した。料理法は北大路君が指導して料理人を養成し、僕が友人の縁故を引いて羽左衛門や何かを引張つて来て宣伝したものだが、時勢もよかつたためもあらう。之が大いにはやつた。

中村竹四郎氏がこの文章を書いたのは昭和十年のことだが、駒蔵にスッポン料理屋の話をもちかけたのは魯山人だ、という説の根拠にこの文章はよく引き合いにだされている。いずれにしても昭和に入ってからの談話であったりするので、多少の齟齬はあるのだろう。

　北大路魯山人は、駒蔵より一年遅れた明治十六（一八八三）年に、同じく京都に生まれている。大正四年上京した魯山人は、はじめの二年間は京橋の書家岡本可亭の家に住み込み、その後神田駿河台東紅梅町に家を借りて住んでいたようだ。

　前にも書いたが、魯山人が「まるや」と同じ南鞘町の向かい側に「大雅堂芸術店」を開くのは大正八年の五月、駒蔵の「まるや」開業の三ヵ月ほどあとのこと。魯山人はその後店名を大雅堂美術店に改め、二年後にその二階で「美食倶楽部」を始めている。

　なお、中村竹四郎は先に引用した『星岡』六十三号の中で、「鴻の巣の親爺は算盤ばかりはじいてすつぽんの原料をおとすようなことをやつた」と書いている。「北大路君は、あくまで原料を精選して、よいすつぽんでなければいかんといふが、仲々それをやらない」と魯山人と駒蔵との確執を述べている。このことについては、白崎秀雄の『新版北大路魯山人』に、そもそも魯山人に、二人前を四人前にするため「スウプに酒を割つた同量の水を入れ、味の素と薄口醬油で味をつける」ことを教えたのは、京都の内貴清兵衛だと書き、のちに魯山人が「メゾン鴻乃巣」の「主人奥田慶太郎」に「京都の大市の鼈を取り寄せて、水でうすめて売ることを教へた」とも書いている。「奥田はその後、鼈のスウプをうすめるための水の量を多くして、評判を落としたとの説がある」という記述もみられる。真実がどうであったのか、今となっては霧の中である。

　スッポン料理「まるや」開業発起は、果たして駒蔵の発想か、魯山人の発案か。

　奥田家では、駒蔵が横浜に出る前、京都の大市でスッポン料理の修行したことがあったと言い伝えられているが、これも確証はない。

駒蔵の死後、ひとり息子一夫は、鴻乃巣でなく「まるや」を継承する。震災後のバラック令の影響もあり、また西洋料理を継ぐためには渡欧して修行を積まねばならず、そのため「鴻乃巣」を断念し、「まるや」一本で再出発の決断をしたのだ。やがて一夫は昭和八年に北川恵礎子と結婚。一夫夫婦は終戦前の東京大空襲で「まるや」が焼け落ちるまで、しっかりとその暖簾を守っている。

横浜でフランス料理を学び、東京で開業した西洋料理店で名を馳せた駒蔵ではあるが、副業として始めたスッポン料理についてまったくの素人であったとは考えにくく、後世に伝えるだけの確かな腕をもっていたのだろうと思われる。

したがって私としては、次のような推論を立てている。

駒蔵は京都にいたころ、大市でなくともどこかでスッポン料理の修行をしたことがあり、料理法の素地はすでにあった。木原店時代食通の岡野知十と知り合い、スッポンの効能を語るうち、たまにテーブルに出してみたことがあったかもしれない。さらに駒蔵は京橋南伝馬町に「鴻乃巣」を移転したのち、足繁く通う魯山人から京都趣味を鼓吹されるとともに、スッポンの店を出すことを勧められた。時おり鴻乃巣でスッポンをメニューにいれて出すと、なかなか好評で、そのうち毎週金曜日は「スッポン料理の日」になる。すっかりその気になった駒蔵は大正八年三月、鴻乃巣からほど近い南鞘町六に「まるや」を開業した。ことに震災後の「まるや」は、西洋料理「鴻乃巣」とはまったく異なる純和風のスッポン料理屋となった。

寒いときにはスッポンを

駒蔵時代の「まるや」、スッポンの味はどうだったのだろうか。

先に引用した岡野知十の「京都風のスッポン鍋」には、「まるや」で出されるスッポン料理を紹介している件がある。

このスッポン鍋は京都から特別に仕入れた精好の土鍋で、これを用ゐて、その煮方には亭主が独特の研究を用ゐ、短時間に煮あげて、肉の風味を失はぬやうに、併せてその汁《つゆ》の味のよいのを侑《すゝ》めるのを誇りとして居る。勿論、スッポンの美とするところの、縁や胎卵《たまご》や、庖丁に少なからず意を用ゐられて居る。血を所望するものへは明麗なコップへ盛りて、これに洋酒「ドム」を加へて侑められる。ドムの濃紅の色に血が混じて美しさいふばかりではない。それで血腥《ちなまぐさ》き味を消して快く飲下される。

一人まへ一鍋で酒にも飯にも十分である。肉を喰べしあとの汁《しる》へさらに西京の麩を加へなどすると、さらに軽淡なよき羹《あつもの》となる。それで香の物で飯を済すると丁度よい腹工合である。しかし好きな人は二鍋を平げるといふことである。

知十がこれを書いたのは六月だったのだろう。さらに続く。「梅雨にじめ〳〵したある夕ぐれ「まる屋」の小室にスッポンの土鍋をひかへて、熱した煮汁《つゆ》に舌をうちならしますと、いかにも湿気も邪気も退散して、風味を第一とする私などでも、これは滋養にならうなどと思はれて来ます」と、風流人ならではの筆に読む者の食欲もそそられる。

大正十四年の雑誌『郊外』に、駒蔵自らによる「すっぽんの話」という一文があり「亭主独特の研究」の成果が語られている。

誰でもスッポンと云へば、くい付かれる恐ろしい物と云ふ連想が起りますが、中々寒がりやのスッポンは寒い内は首を縮めて眼のあたりまで頭を出して、外を眺めて居るだけで嚙み付く程の元気はありません。暖い藁の中へ入れてやるといつまでもヂットして居ります。蛇や蛙と同様に暑い内に餌を喰つて冬中は眠つて暮して居ると云つてもいい位です。所が不思議にも此喰休みのうちに体内に脂肪が増して来るものと見えます。スッポンの味は空飛ぶ鳥にも脂が乗つて来る頃からうまくなつて来るのです。世の中が進歩するにつれて食味界にも著しき変化が来りつつあるやうです。

少しでも料理に趣味を持つ人が三人寄れば、蛇を喰つた話や蛙を喰べた話は決して珍しくないものに成つてしまひました。所で昔から薬喰ひにして居つたスッポン料理屋が無いのは不思議な位です。それでも近頃の御馳走の献立としてはスッポン汁が加へられなくては淋しいやうな感じがするやうに成りましたのは、一般の趣向者に歓迎されて来た事と思ひます。偖《さ》てスッポンをどうすれば一番おいしく喰べられるかと云ふと矢張りスッポン汁にするのが外の料理よりもおいしいやうです。

料理に付て一言。

スッポンを料理する場合には誰でも首を先に切る事ばかり考へるやうですが、それは素人考へです。血を取りたい時には首を切つて動脈から流れ出す血を絞る方が多量に取れるけれども、料理としておいしく喰ひたいと思へば成るべく血を出さない方がよろしいやうです。甲羅から先に剝《はが》すとまな板がぬれる位しか血が出ません。この方法が口で云うやうに容易には行きませんが、少し手掛ければ訳の無い事です。血を取つた肉と血を取らずに料理した肉とは一見して解ります。血を取つた肉は白くなつて煮てからでも弾力がありません。血を取らずに煮た肉は赤味があつて、ふつくらとして力がこもつて居るやうに見えます。それだけうま味も多い訳です。それから肉を切る場合にも成べく関節から離すやうに注意しないと、口の中へ細かい堅い骨が残つて誠に気もちの悪いものです。それから長い間泥の中に住んで居る鼈の事ですから泥臭くて困ります。其悪臭を去るには、煮る前にサット沸湯に通して薄皮をむく事を忘れてはなりません。煮るには土鍋が一番よいやうです。

スッポンの歩き振りには一種のおどけさがあると曾て柯公氏の文に見えた事がある。実際蹣《まん》跚《さん》として歩くところは酔漢そつくりです。スッポン汁で酒を飲むと非常に酒の回りがよくて真の陶酔が得られるやうです。

駒蔵の個人雑誌『カフェエ夜話』の広告欄にも、鴻巣山人自筆の「すつぽんの話」が載っている。

すつぽんは一ト月に三匁位しか大きくならないと云ふ事です。そして一坪の池に一疋以上入れては大きくならぬ云ふ事です。世の中に尊いとされて居るもの、又は貴重とされて居るものはすつぽんと同様の律を以て居ます。食物のうちですつぽんが何よりもおいしくて精分の多量に含有して居ると云ふ事が何人にも合点がゆくと思ひます。

この一文の下に、まるやの広告があり、冒頭に馬琴の句「月を見て涼を入れ鼈を煮て寒さを凌ぐ」を用いているところなど心にくい。さらに続いて「寒い時にスツポンを喰べて御覧なさい。素的に暖まつて、素晴しい元気がつきます。一人前三円、出前仕り候」としっかり宣伝している。

なお『カフェエ夜話』創刊号には、スッポンの卸問屋「上総屋」（日本橋区本小田原町）と「村上養鼈場」（愛知県）、村上商店（下谷区下車坂）の広告が掲載されている。

二代目「まるや」評判記

駒蔵の味を受け継いで、息子一夫の代になっても「まるや」の評判は悪くない。『東京定価表』（実業之日本社）大正十五年七月号の「東京食あるき記」に、「まるや」のことが書かれている。

日本橋下槙町〔ママ〕の丸屋、此の家《うち》は東京でスッポン料理を食はせる家では一番だ。スッポン料理は京都が本場だが、其れと同じやうに厚い鉄の焙烙鍋《ほうろく》で、スッポンをぐら〳〵煮立てゝ火の無い火鉢にのせて持つて来るが、其の味は何とも云はれない甘味《うまみ》がある。（ふわ卵）にしたり、長寿麩を入れたり粥にしたりして食べる。

このころは土鍋に代わり、鉄の焙烙鍋を使っていたようだ。

また、昭和三年の雑誌『優生運動』第三巻四号の「食道楽そゞろあるき」のなかに、「丸屋のスッポン」がある。実況中継を思わせるユーモラスな文章なので主なものを紹介する。

日本橋の中将湯の横町に、丸屋とゆうスッポン料理屋がある。この家は、京都北野天神の傍にある大市とゆう、有名なスッポン料理屋があるが、そこの真似をしているのであつて、厚いホウロク鍋で、スッポンをブッ切りにしたのを、グラ〳〵強いビンチョウの炭火で煮立てゝ、座敷え持つて来るのには、火鉢のような格構をしたものゝ上に、乗せて来るのだが中には、灰も火も入つていない。

ホウロクが厚いので、座敷に持つて来ても、長い間グラ〳〵アブクが立つて煮え立つている。まるでサイダーが泡を吹いているようであるから、グヅ〳〵しないで、その泡の立つている間に、ドン〳〵味わつて行くようにするのである。御ジギなどをして、遠慮し合つて、サイダーの気の抜けたように、泡の無くなつた時分に食べると、不味いものになつてしまう。（略）又、スッポンの生血に、お酒を交ぜて飲ませてもくれる。これは冬は暖まるし、精力がつくといつて喜ばれる。だが、あまり沢山食べると、鼻血が出る、とまで云われている。

書き忘れたが、丸とゆう字は、スッポンの上方詞《ことば》である事はゆうまでもない。

やはりホウロク鍋を使っているが、ここでは「京都大市の真似」だとされている。また料理は、玉子を入れてフワ玉にするのや長寿麩を入れた汁、御飯を入れたお粥もあると書かれている。

話は昭和十年代のことになるが、「まるや」は軽井沢に店を出していたことがあった。

昭和八年軽井沢の南ヶ丘にゴルフ場が新設されると、一夫は請われて、その一画に夏限定の店を開く。建物は近隣の発地《ほっち》にあった藁葺き農家を移築したものだった。

義兄によれば、一夫自身ゴルフに凝っていたこともあり、その期間は東京の「まるや」を休業、家族・従業員打ち連れて、避暑がてら軽井沢に行っていたとのこと。南ヶ丘ゴルフ倶楽部の客相手にすっぽん料理や鳥の唐揚げ弁当を提供していたらしい。

この新ゴルフ場開発の発起人である三井弁蔵の娘で、日本女子ゴルフ界の草分け小坂旦子は「軽井沢雑感」（『わが軽井沢を語る』）のなかで、次のように書いている。

クラブハウスが出来、小さなホテルもできた。どれも白っぽいペンキ塗の建築だった。中央の道のつき当たりには公園が出来、岡の上に、あずま屋が建った。その下に田舎家を建て、おかりば焼きやすっぽん屋が入りおいしいお料理だった。父は苦労もしたが、幸せそうに見えた。

また震災後の帝都復興に尽力した東京市長後藤新平の孫娘実吉理恵子も、軽井沢の思い出として、新ゴルフ先の「まるや」と「つるや」の存在を挙げている。お狩り場焼きの「つるや」は東京「まるや」の近所にあった店で、「まるや」と同様、いわば軽井沢支店だったのだろう。

さて日中戦争が始まり、社会全体が戦時色にそまっていくなか、「まるや」の健在ぶりを伝える記事があった。昭和十四年の『糧友』二月号の「今が美味しいすっぽん料理」である。「まるや」調理部の池田英雄に取材したものだが、まえがきに、記者はこう書いている。

すつぽん料理は、内地では贅沢料理ではあり、美食の一とされてゐます。しかし、大陸では、北、中支でも満州でも相当にあるのですから戦地でも利用することが出来ます。すつぽん鍋も、すつぽん雑炊も野戦炊具や飯盒を使用しても出来ます。

『糧友』は陸軍の外郭団体が発行していた雑誌とのこと。「贅沢は敵だ」のスローガンが巷にあふれつつあるなか、この記事は、スッポン料理が戦地でも応用できる料理として紹介したものらしい。池田氏は、スッポン鍋の基本的な調理法と雑炊の作り方を紹介したあと、茶碗蒸し、天ぷらなどについても言及し、「鼈料理というものをつくれば五、六十種位は拵える」とも述べている。義兄の話では、日本橋「まるや」の献立は鍋と雑炊だけだったそうだから、この記事は、戦時のおり柄、すっぽんが必ずしも贅沢料理でないことを強調したものだろう。太平洋戦争中も「まるや」が営業を続けられたのは、「雑炊もできる料理」だったからだという。

同じく昭和十四年三月『味洛』特集早春号に、「旬・味　春夏秋冬」と題した座談会の記事があった。場所は西の都京都、名物すっぽん料理大市の奥座敷、京大教授、画伯、俳優など錚々たるメンバーを相手に、大市主人堀井定次郎氏がすっぽん談義を繰り広げている。そのなかで、勝田哲画伯が「大阪のいせやでも、まるやでも、初めに作りだとかいろいろなものが出て、しまひにまるの鍋が出るが、ここの初めから終まで純粋のまるだけなのは、私共まるの好きな者には有り難いと思ひます」と話している。大阪にも「まるや」の支店があったのだ。

大市のすっぽん料理は鍋のみで食するのが伝統で、駒蔵のスッポン料理もその流れを汲むが、大阪にあった「まるや」はいろいろなメニューを工夫して提供していたのだろう。

雑炊のできるスッポン料理屋「まるや」は、ともあれ戦時中も繁昌し、東京大空襲に遭うまで営業を続けることができたのだった。

3　駒蔵の遺産

残された家族たち

駒蔵の息子一夫が昭和八年四月に結婚した北川恵礎子について書いておく。

明治四十二年十月、神田の馬具屋に生まれた北川恵礎子は、中学部の二回生として文化学院に学んだハイカラな女性だった。とくに和歌や古典文学の授業で与謝野晶子の薫陶を受け、富士見町やその後の荻窪の晶子の家にまで押しかけて歌の指導を受けていたという。恵礎子は中学部卒業後大学部に進学、さらに専攻科まで進み、昭和八年奥田一夫と結婚した。このとき二人の仲人を務めたのが与謝野寛・晶子であった。晶子は二人の結婚を祝し、こんな歌を贈っている。

いかならん道もてらすに余るべし若き二人が負へる太陽

戦後、恵礎子は『月刊文化学院』創刊号に「晶子先生の思い出」を寄稿し、この祝歌を紹介した後、「いたずらに馬齢を重ねて厨の妻となりきった今日この頃は、詩や歌を作る心の余裕も失って、平凡の日々のあけくれです。が、空の色、風の音、草木のそよぎにつれて、時折心にのみ、何か美しい旋律がしみ出て来て、生活に潤いや慰め、励みを与えてくれます。これも、偉大な師に接することの出来たことと、文化学院の楽しい雰囲気の中に培われた若き日があったればこそだと、今にして私にはありがたく思われてならないのです」と述懐している。恵礎子は学生時代、馬術競技に参加していたこともあり、凛々しい乗馬服姿の写真が残っている。昭和十七年一月晶子死去の報に、そそくさと身支度を整えて駆けつけたと、母恵礎子のうろたえたようすを夫恵二は私に語っている。

さて、駒蔵の妻ヨネのその後だが、一夫が結婚すると、ヨネは息子夫婦とともに分家の届を出し、戸籍を東京に移している。翌九年初孫鴻一が生まれるが、ヨネは昭和十年秋、短い病の後四十六歳で亡くなっている。作家の吉川英治は、「草思堂随筆」に収められた一文のなかで「まるや」に触れ、「鴻ノ巣山人の後家さんは、山人亡きあと、しきりに、すっぽん塚をどこかに建てたいと云っていたが、さて、塚ぐらいでは、すっぽんの人間に対する怨念が失せるかどうか」と記している。吉川英治は京橋の初代まるや、震災後のまるやにも顔を出していたと思われる。

ヨネは十九の年駒蔵と一緒になり、小網町鴻乃巣開店のときはまだ二十一歳、京橋に移転したときでも二十七歳だった。三十六歳で未亡人になるまでの十七年間、自由奔放な夫にどれだけ振り回されてきたのだろうか。義兄鴻一の「覚え書き」には、「祖母は祖父とは反対に、出歩くのが嫌いな人で、趣味は麻雀。趣味が嵩じて晩年はスッポン屋のことは父に任せて、麻雀屋をやっていた」と書かれている。ヨネの死は鴻一がまだ一歳半のことで、「僕には全然記憶」になく、父一夫から聞かされた話とのこと。

　ヨネの葬儀のときの写真が残っている。一夫二十八歳、恵礎子二十七歳の膝に鴻一の幼い姿がある。ヨネの遺族のなかに、ヨネの甥にあたるジャン、またはエミールであろう人物が写っている。

　そして一夫・恵礎子夫婦に翌十一年、二男恵二が生まれる。これが私の夫である。

大いなる遺産

　第四章で、大正八年九月の「関根正二遺作展覧会」に触れた。これは神田神保町にあった兜屋画堂で開かれたもので、奥田駒蔵はこの展覧会で関根正二の「子供」を購入したものと考えられている。

　兜屋画堂を開設したのは、野島康三という写真家である。慶應に学び、早くから先進的な写真家として才能を発揮し、大正四年には日本橋人形町に三笠写真館を開設している。その後、彼は大正八年五月に兜屋画堂を開き、新進洋画家、装飾美術家たちに発表の場を提供していく。六月の新進洋画家新作展に関根正二は「春」と「男児の習作」（遺作展の「子供」と同じ）を出品するが、このときすでに病床にあった正二は、その月の十六日二十歳で落命する。野島康三は同年九月関根正二遺作展を開催するものの、翌年には画堂を閉じ、麴町九段に野々宮写真館を開いている。

　大正十四年に結婚した野島康三は、昭和七年ころから自宅ホールを開放して、ダンスパーティー

マンドリンを弾く一夫

を開くようになる。このころの野島は、芸術的な肖像写真家として知られる一方、昭和十一年には野々宮写真館のあと、七階建ての近代的な野々宮ビルを新築し、一階は写真館、二階から上を高級な「野々宮アパート」として、富裕層に提供している。このアパートにはソヴィエトに亡命したことで知られる女優岡田嘉子も住んでいたという。

一夫・恵礎子夫婦が野島康三に出会ったのは、二人の新婚旅行先のとあるスキー場でのことだったらしい。このとき一夫夫婦は野島と初対面であり、野島もかつて一夫の父駒蔵が兜屋画堂に出入りしていたことなど知らなかったようである。

二人は野島との出会いをきっかけに、野島邸でのダンスやクリスマスパーテーに招かれている。平成二十一年九月に松濤美術館で開かれた『野島康三　作品と資料展』の図録を見ると、昭和八年十二月の集合写真には、マンドリンを抱える一夫、同九年十二月には一夫と恵礎子、十年には一夫の若々しい姿が見える。

一夫夫婦は二人の子供たちを暁星小学校に通わせている。戦局が厳しくなると、軽井沢に暁星の疎開学校が開かれるのに伴い、一家はそろって軽井沢に疎開する。家族は南ヶ丘ゴルフ場近くに所有していた別荘に移り住み、暁星の仮校舎となったパークホテルに子供たちを通わせる。ラジオや無線電信の技術を持っていた一夫は、学童たちにモールス信号を教えたり、近所のラジオの修理を引き受けたりもしていたそうだ。一方、野島康三氏も軽井沢の別荘に家族を疎開させていたので、一夫たちと行き来があったという。

昭和二十年三月の東京大空襲で、日本橋「まるや」は全焼失。東京の惨状が刻々と軽井沢に伝えられてくるが、一夫たちは「まるや」の従業員たちの消息がつかめず、「もう駄目」と線香を上げていたという。店を守っていたおふささんたちが軽井沢に身を寄せたのは、四月になってからのことで、仲間たちと大きな荷物をもって元気に現れた姿は、旅回りの一座のようだったと、義兄鴻一は書いている。店のお得意さんのところに暫く居候させてもらっていたとのことである。

やがて終戦。鴻一は、一足早く東京に戻り寄宿して中学校生活を始めるが、両親と恵二は東京の中野にあった自宅が焼失していたため、しばらくは軽井沢にとどまり、恵二は地元の小学校に通うことになった。

この一家の窮状に救いの手を差し伸べてくれたのが、野島康三だった。

彼は空襲により被災した野々宮ビルを手放し、実業から引退する。戦災を免がれた祖師谷の自宅に元従業員たちを引き受けて住まわせていたが、そこに奥田の家族も一時同居させてもらうことができたのだ。その後、成城の野島の地所の一角を譲り受け、戦後の混乱期も家族は落ちついて生活を送ることができたのだった。

与謝野夫妻との親しいつながりや、岡野知十、小山内薫など文化人・芸術家との関わりは、駒蔵晩年の自由で豊かな芸術的発想の源泉であったが、それが子や孫の世代にまで大きな文化的影響を与える源流にもなったと思う。駒蔵の存在は、まさに大いなる遺産といっていいだろう。

結び

明治十五（一八八二）年午年《うま》生まれの奥田駒蔵は、まさに奔馬の如く人生を駆け抜けた快男児だった。明治の末東京日本橋にメイゾン鴻乃巣を開業させてから、大正の末に急死するまでの十五年間は、ほぼ三年毎に店の移転拡大を図り、さらに副業を営むなど、エンジン全開の働きぶりは見事というしかない。
繰り返しになるが、メイゾン鴻乃巣の変遷を振り返ってみよう。

明治四十三（一九一〇）年日本橋小網町に開業
大正二（一九一三）年同じく日本橋木原店に移転
大正五（一九一六）年京橋南伝馬町に移転
大正八（一九一九）年京橋南鞘町にすっぽん料理「まるや」開業
大正十一（一九二二）年鴻乃巣新装開店

その揚げ句、関東大震災（一九二三）で被災し、それまで懸命に築きあげてきた拠りどころを一瞬にして失ってしまう。しかし駒蔵はめげることなく、鴻乃巣を再建（一九二三）し、「まるや」も新築（一九二四）させたものの、大正十四（一九二五）年、四十三歳で急死してしまうのだ。

メイゾン鴻乃巣の誕生は、まさに時宜にかなったものだった。明治四十三年という絶好の時機を捉えたことや、日本橋川の河岸地という地理的な選択の確かさなど、駒蔵には特別の嗅覚が備わっていたとしか思えない。それはその後の店の経営にもいえることだ。なかでも今から一〇〇年も前に、「サタデーナイト」を催して、個性あふれる客人たちを煽り立てていたというのは、駒蔵の経営感覚の先進性を物語っている。晩年になって、店の客たちとの交流誌として雑誌『カフェエ夜話』を刊行するのも、つねに時代の先端を嗅ぎ分ける能力をもっていたことの顕われであろう。

しかし駒蔵は料理屋の主人として、ただがむしゃらに働いていたばかりではない。自由人として生活を楽しむ術を心得ていた。とくに画欲は駒蔵にとって「三欲」の一つと自認し、周囲からもおだてられ、まるで画家を気取って楽しんでいた。個展を四回も開いているのは、単なるお調子ものの所業だけではなさそうだ。

それればかりか、仕事の合間を縫って与謝野晶子たちの旅に同行したり、冬の時代を耐えていた社会主義者たちの集りに部屋を貸したり、夭折した関根正二の遺作画集の企画をしたり、また新劇の稽古場あるいは舞台として店のフロアを提供するなど、懐中の乏しい芸術家たちの活動を側面から支援することまでしているのである。

「鴻乃巣」と「まるや」の両輪がまわり始めると相乗的な効果をもたらし、その結果、一種のパトロンとして振る舞うゆとりが生まれたこともあるだろう。しかしながら、一介の料理店の主人に過ぎない駒蔵がこれらを楽しみながら実践しているのだから、驚く。大正デモクラシーの申し子、あるいは大正のディレッタントといっていいのかもしれない。

「山人の如きは啻《ただ》に貨殖の才あるのみならず、亦能《よ》く風流を解したるものと謂ふべし」。

駒蔵の訃報に接した荷風が『断腸亭日乗』に記したこの一文は、駒蔵のささやかに為したる業を、簡潔にして、しかも格調高く言い射ている。

駒蔵の生涯を俯瞰したとき、駒蔵の資質の特徴としてつぎの三点が挙げられる。向上心・先見性・芸術的センスである。これらは親から授かった先天的な性格や躾もあるだろう。独立心の強い駒蔵が、若いころに味わった苦い経験や、行く先々で出会った人々からの感化により、これらに一層磨きをかけることになる。

まず向上心を培ったのは、十二歳のときに味わった故郷での屈辱の体験であろう。駒蔵の家族が家財を競売にかけられる憂き目に遭遇したとき、もうこの村にいても日の照ることはあるまいと、負けん気の強い駒蔵は学校をやめて故郷を離れる決意をする。道具屋の「サーナンボージャ、サーナンボージャ」と叫ぶ声は、おそらく一生のあいだ駒蔵の耳について離れなかったのだろう。その後眼前に高い壁が立ちはだかるたび、その声がよみがえり、壁を乗り越えて前進する勇気を奮い起こしていたに違いない。のちに駒蔵が故郷寺田村に帰ったとき、抱えきれないほどの土産をもって小学校に出かけたという逸話は、雪辱を果たして意気揚々と凱旋する駒蔵の雄姿を彷彿させる。

さらに、横浜で出会ったラディスラス・コットの影響も大きいと思われる。駒蔵にとって義兄となるL・コットは、明治三十二年に横浜の旧外国人居留地内でホテルレストランを開業したフランス人シェフであった。しかし彼は一つところに安住せず、店を閉じてはまた別な場所で開くことを数年おきに繰り返している。そして最後は横浜海岸通りの瀟洒なオリエンタル・パレス・ホテルの経営者として活躍する。駒蔵は義兄のその姿を見たり、聞いたりしていたのだろう。駒蔵の壮大な野心の火付け役は、このL・コットが果たしていたのではないか。横浜での料理修行時代の裏付け資料が少ないため確証はないものの、駒蔵はL・コットのもとでフランス料理の腕を磨いたのだろうと、私は確信している。

二つ目の先見性は、駒蔵が時代の潮流を敏感に感じとる能力をもっていたことを示す。駒蔵が十代を過ごした京都の街区は、天皇や公家たちがいなくなった都に電車が走り、大きな公園や建造物ができて、近代化を図ってはいたが、遠くから聞こえてくる東京や横浜の文明開化の華やかな靴音の方が駒蔵のこころを惹きつけたのだろう。

横浜で外国人に混じって働き暮した十年間に学んだことは、西洋料理だけではなかったはずだ。外国文化に目を開かれ、世界の情勢にも関心を持つようになる。短期間とはいえ、渡欧して実際に見聞を深めたであろうことが、先見性に一層拍車をかけたのだと思う。

西洋料理屋として、はじめて開業した小網町での三年間は、その後の駒蔵の店「メイゾン鴻乃巣」の性格を決定づける。新聞や雑誌に「少壮文士に大受け」などと流布されるだけでなく、駒蔵自身若者に的を絞って挑発さえしている。文芸雑誌に踊る駒蔵の誘い文句はまさにそれである。「メイゾン鴻乃巣」は「文芸家に愛される店」の代名詞となった。

三つ目の芸術的センスは、もともと資質として駒蔵固有のものだった。駒蔵の証言にもあるように、絵筆をはじめて握ったときからスラスラ描けたのだし、今戸焼きの窯元でいきなり轆轤《ろくろ》をつかって鳩の成形をしてしまうのだ。駒蔵の書いた書も、魯山人と見紛うものすらある。しかし、これは素質だけではない。小網町での三年間、店に来る客人との交流のすべてが、駒蔵の栄養となって吸収され蓄積されていったのだと思う。それが、駒蔵の後半生の多面的な活動に生かされていったのだ。

駒蔵が最後に目指そうとしたのは、「メイゾン鴻乃巣」が「文化の発信基地」となることだったのではないだろうか。震災前の京橋の店は二階から四階に設けられていた大小の宴会場が、種々の集会に活用されている。レコード鑑賞会、出版記念会、編集委員会のほか、あるときは新劇の稽古場や舞台に、あるときは画廊になる。ジャンルは音楽、美術、文学などと幅広く、食をとおして文化振興の一端を担っていたといっていいだろう。駒蔵の個人雑誌『カフェエ夜話』の刊行はその集大成だった。

駒蔵がもっと長生きしていたら、どんなことをやってのけたのか、想像するだけでも楽しくなる。

平成二十六年三月、東京日本橋小網町の鎧橋のそばに、「メイゾン鴻乃巣創業の地」の説明板が設置された。これは東京都中央区教育委員会が歴史的名所のひとつとして立てたものだ。鎧橋はコンクリート橋に代わり、日本橋川は高速道路に覆われて、もはや江戸情調などみじんもない。

それでも私は橋のたもとに佇むと、駒蔵のやや甲高い声が聞こえてくるような気がするのである。

奥田駒蔵・メイゾン鴻乃巣・まるや関連年表

年	奥田駒蔵・メイゾン鴻乃巣・まるや関連事項	出典	歴史・文芸・社会事項
明治15（1882）0歳	3月5日 奥田駒蔵、京都府久世郡大字寺田小字北東西89にて出生（父太兵衛、母マツの二男。兄庄之助、姉イマ、マツエの末弟）		
明治21（1888）6歳	寺田尋常高等小学校入学		
明治22（1889）7歳	2月23日 山崎ヨネ、横浜市三春町3丁目17にて出生（父富五郎、母ケイの二女）		2月 大日本帝国憲法公布
明治27（1894）12歳	このころ奥田家は家財競売の憂き目にあい、駒蔵は学校をやめて京都市内建仁寺町の酒造家「中甚」に奉公へ	『カフェエ夜話』創刊号	8月 日清戦争勃発（～明治28年）
明治32（1899）17歳	〈ラディスラス・コット、横浜クラブ・ホテルの主任料理人（旧居留地山下町5番）〉	（横浜開港資料館Japan Directory 以下、JD）	横浜などの外国人居留地制度廃止

明治33（1900） 18歳	〈L・コット、クラブ・ホテルの主任料理人（山下町5番）〉	（JD）	4月『明星』創刊
明治34（1901） 19歳	駒蔵、このころ横浜に出て西洋料理の修業開始	奥田優曇華『食行脚』（東京の巻）	8月 与謝野晶子『みだれ髪』
明治36（1903） 21歳	〈L・コット、オテル・レストラン・ド・パリ（山下町74番）所有者〉	横浜開港資料館『横浜外国人居留地』図版（Japan Advertiser Directory1903より）	
明治38（1905） 23歳	〈L・コット、オテル・ド・パリ（山下町179番）所有者〉	（JD）	1月 夏目漱石「吾輩は猫である」（『ホトトギス』）
明治39（1906） 24歳	〈秋、G・O・ヴァレンベリ、駐日スウェーデン公使として着任〉 〈L・コット、オテル・ド・パリ（山下町179番）所有者〉	（The Swedish Embassy in Tokyo） （JD）	
明治40（1907） 25歳	駒蔵、このころ渡欧（およそ9カ月間か） 〈L・コット氏、オテル・ド・パリ（山下町179番）所有者〉	奥田鴻一「覚え書き」 （JD）	5月『方寸』創刊 7月 木下杢太郎ら新詩社同人九州旅行「五足の靴」（〜8月） 10月 小山内薫『新思潮』創刊

明治41（1908）26歳	駒蔵帰国 2月 山崎ヨネとの婚姻届 3月 息子一夫の出生届提出（横浜） 〈L・コット、オテル・ド・パリ（山下町80番）所有者〉	奥田鴻一（覚え書き） （JD）	7月 永井荷風フランスから帰国 8月 荷風『あめりか物語』 11月『明星』100号で廃刊 12月 パンの会第1回（第一やまと）
明治42（1909）27歳	〈L・コット、オテル・ド・パリ（山下町80番）所有者〉	（JD）	1月『スバル』創刊 3月 永井荷風『ふらんす物語』（発売禁止） 北原白秋詩集『邪宗門』 7月 高村光太郎帰国 11月 小山内薫の自由劇場第1回公演 12月 永井荷風「すみだ川」（『新小説』）
明治43（1910）28歳	夏、**「メイゾン鴻乃巣」創業**（日本橋小網町2丁目38鎧河岸） 〈L・コット、オテル・ド・パリ（山下町80番）所有者〉	「文章世界」第6巻12号 春えい（水野葉舟）筆「夏の夜のメイゾン・コオノス」 （JD）	4月『白樺』創刊 荷風、慶應義塾教授就任 5月 大逆事件 『三田文学』創刊 9月 第2次『新思潮』 11月 谷崎潤一郎「刺青」（『新思潮』） パンの会大会（日本橋三州屋） 12月 石川啄木『一握の砂』

明治44（1911）　29歳

1月　木下杢太郎、詩『該里酒』発表	『スバル』3年1号「後街歌」	1月　大逆事件死刑執行
2月『白樺』に初めての広告（MAISON KŌNOSU RESTAURANT & BARの表示あり）	『白樺』1巻2月号	3月　カフェ・プランタン開店 帝国劇場開場 青木繁没
3月　同右の広告を『スバル』に掲載	『スバル』3年3号	
8月『白樺』に「評判の鴻乃巣のバー」の広告	『白樺』2巻8月号	6月　北原白秋抒情小曲集『思ひ出』
9月　春えい「夏の夜のメイゾン・コオノス」掲載	『文章世界』第6巻12号	9月『青鞜』創刊
松崎天民の探訪記事「バーとホール(5)　謎蔵子迂呑巣の記」	東京朝日新聞（9／20）	
『白樺』『スバル』に同じ広告（鴻乃巣でサターデーナイト〔第1土曜開催〕始まる）	『白樺』2巻9月号、『スバル』3年9号	
10月『スバル』に広告（サターデーナイト好評・三十人以上お断り）	『スバル』3年10号広告	
『白樺』に広告（毎土曜にサターデーナイト開催）	『白樺』2巻10月号	
11月『白樺』にTea Party（茶話会）開催の広告（毎週日・金曜）	『白樺』2巻11月号	11月　北原白秋『朱欒』創刊 与謝野鉄幹渡欧（〜大正2年1月）
『スバル』にサターデーナイト大盛況の広告	『スバル』3年11号	
河竹繁俊養子縁組披露宴（文芸協会仲間）	河竹登志夫『作者の家』	
12月『スバル』に広告（吉井勇の歌あり・てこへんな家）	『スバル』3年12号	
『白樺』に広告（吉井勇の歌あり・茶話会座談会の案内）	『白樺』2巻12月号	
白秋、詩「屋根の風見」発表	『朱欒』1巻2号	

明治45・大正元（1912）　30歳

1〜3月『白樺』『スバル』に広告（吉井勇の歌を引き、土曜晩餐会、金曜茶話会などの賑わいを伝える）	『白樺』2巻1月号〜3月号、『スバル』4年1号〜3号	4月　石川啄木没 郡虎彦の「道成寺」上演（自由劇場）
3月　鴻乃巣で青木繁没後一周年追悼記念会（25日）	『美術新報』第11巻6号消息欄	5月　与謝野晶子渡欧（〜10月）
4月『白樺』、4・5月『スバル』に同じ広告（桜の季節が近きました…）	『白樺』3巻4月号、『スバル』4年4・5号	

6月『スバル』に広告（涼の季節が近きました…）
尾竹紅吉、『青鞜』の広告をとりにメイゾン鴻乃巣へ（五色の酒事件に発展）
岡落葉の挿絵「メーゾン鴻の巣より」掲載
7月『スバル』に広告（夕方からすずみながら御出掛けを…）
8、9月『白樺』に広告（RESTAURANT & BAR の表記のみ）
三田文学会座談会（9／3）——永井荷風、落書帳に戯画描く
10月「乗合船」に鴻乃巣評載る
10、11月『白樺』に志賀直哉による広告掲載
「東京観⑪ カフェー⑧」でメイゾン鴻乃巣に言及（鴻乃巣の献立は高村光太郎の画を伊上凡骨が彫ったものとの記述）
12月『白樺』に広告（三十人以内の会合の申込みは三日前に）

『スバル』4年6号
『青鞜』2巻7月号（尾竹紅吉筆「編輯室」より）
読売新聞（6／23）
『スバル』4年7号
『白樺』3巻8月号9月号
『三田文学』3巻10号消息欄
『三田文学』3巻10号
『白樺』3巻10月号11月号
東京日日新聞連載記事（10／4）
『白樺』3巻12月号

6月 啄木『悲しき玩具』
7月 明治天皇崩御
9月 志賀直哉「大津順吉」（『中央公論』）
10月『近代思想』創刊
12月 日夏耿之介・西条八十ら『聖杯』創刊

大正2（1913） 31歳

近代思想社第1回小集を小網町鴻乃巣で開催〔ゲストは馬場孤蝶・生田長江〕（1／4） ※以下同会〔 〕内はゲスト
近代思想社第2回小集〔内田魯庵・岩野泡鳴〕（2／9）
近代思想社第3回小集〔島村抱月・相馬御風〕（3／22）
近代思想社第4回小集〔平出修・津久見蕨村〕（4／19）
近代思想社第5回小集〔津久見蕨村・馬場孤蝶〕（6／8）
6月 慶應文科予科懇話会（3日）
7月 鴻乃巣、麴町区隼町11で仮営業
近代思想社第6回小集を仮店舗で開催〔長谷川天渓〕（7／12）
仮店舗で慶應文科予科懇話会（14日）

『近代思想』2月号
『近代思想』3月号
『近代思想』4月号
『近代思想』5月号
『近代思想』7月号
『三田文学』4巻7号
読売新聞（7／10）
『近代思想』8月号
『三田文学』4巻8号消息欄

1月 志賀直哉「清兵衛と瓢簞」（読売新聞）
4月 里見弴「君と私と」（『白樺』連載）
9月『聖杯』を『假面』に改題
平出修「逆徒」（『太陽』）

11月 **メイゾン鴻乃巣** 日本橋通1丁目7（通称木原店または食傷新道）**に移転披露**（5日）	『假面』2巻12月号（Green Room）〔住所は『志賀直哉全集』別巻三浦直介の書簡〕	10月 斎藤茂吉「赤光」
鴻乃巣にて「十日会」開始（5日）	岩野泡鳴『巣鴨日記』	12月『スバル』廃刊
12月 季刊誌『未来』同人小集（3日）	『三木露風日記』	素木しづ「松葉杖をつく女」（『新小説』）
平塚雷鳥と奥村博史の晩餐（31日）	平塚雷鳥『わたくしの歩いた道』	

大正3（1914）32歳

1月『假面』メンバーによる晩餐会（16日）	『假面』3巻2号（Ecce Homo）	3月 平出修没
4月 息子一夫暁星小学校入学		三木露風「悩」（『新小説』）
内藤千代子の探訪記「メーゾン鴻の巣」掲載	『女学世界』定期増刊14巻6号	
7月「歌人会」開催（4日） ――萩原朔太郎、室生犀星と鴻乃巣へ行き、歌人会と行き合う	『カフェエ夜話』5月号、吉井勇「歌人会」、『萩原朔太郎全集』年譜	7月 第一次世界大戦勃発
10月 駒蔵、二科展（上野）を鑑賞（12日）	『志賀直哉全集』別巻書簡中、武者小路実篤の葉書	10月 高村光太郎『道程』
「異端社」第一回小集（17日）	『萩原朔太郎全集』年譜	12月 高村光太郎、長沼千恵子と結婚

大正4（1915）33歳

2月 鴻乃巣での「十日会」の写真載る	『処女』8巻2号	1月 森鷗外「山椒大夫」（『中央公論』）
4月「与太会」開催〔大杉栄、土岐哀果ら〕（12日）	『反響』2巻5号	
6月『假面』解散会	東京都庭園美術館図録『長谷川潔展』	11月 芥川龍之介「羅生門」（『帝国文学』）
萩原朔太郎、北原白秋・室生犀星・竹村俊郎らと鴻乃巣へ（下旬）	『萩原朔太郎全集』年譜	

大正5（1916） 34歳

10月 二科会懇親会 ――関根正二、東郷青児、佐藤春夫、鍋井克之が鴻乃巣で徹夜する

鴻乃巣 京橋南伝馬町2丁目12に**再移転開業**（23日）

11月 三田文学鴻乃巣会（11日）

12月 岡野知十「夜食の箸休めに」

鍋井克之『二科二十五年の或る回想』

読売新聞（10／24）〔新しき鴻の巣」紹介記事〕

『三田文学』7巻12号消息欄

『趣味の友』2巻12号

1月 森鷗外「高瀬舟」（『中央公論』）

3月 永井荷風、慶應教授辞職

6月 小山内薫・山田耕筰「新劇場」創設

『感情』創刊（萩原朔太郎・室生犀星）

7月 上田敏没

12月 夏目漱石没

大正6（1917） 35歳

1月 駒蔵、「純仏蘭西料理と一般洋食店の料理法の違い」談話収録

『詩人』『感情』『未来』『伴奏』代表による詩人懇談会（14日）

鴻乃巣で新劇場の稽古（ヘルマン・バアル「奥底」など）

2月 新劇場第4回試演を鴻乃巣4階で公演（3～5日）

演目「記念の宝石」（シュニッツレル）、「奥底」（ヘルマン・バアル）、「彼は如何にして彼女の夫を欺きしか」（バアナアド・ショウ）、「上着」（グレゴリィ夫人）――いずれも一幕のみ

秋田雨雀はコーノスに試演を見に行き、女優花柳はるみを称賛

6月 芥川龍之介『羅生門』出版記念会（27日）

7月 関根正二、上野山清貢・素木しづと鴻乃巣へ

11月 大田黒元雄「蓄音機近代楽音楽会」鴻乃巣3階で開催（7日）

月刊『食道楽』1巻1号

『萩原朔太郎全集』年譜

『秋田雨雀日記』（1／28）

田中栄造編著『明治大正新劇史資料』

『秋田雨雀日記』（2／3、4）

『芥川龍之介全集』年譜

関根正二日記（7／23）〔酒井忠康『関根正二遺稿・追想』〕

『音楽と文学』11月号広告

2月 萩原朔太郎『月に吠える』

5月 志賀直哉「城の崎にて」（『白樺』）

7月 有島武郎「カインの末裔」（『新小説』）

12月 日夏耿之介『転身の頌』

大正7（1918） 36歳

1月　日夏耿之介『転身の頌』出版記念会（13日）
2月　毎週金曜日にスッポン料理提供の広告
10月　鴻乃巣において谷崎潤一郎の中国旅行送別会
岡落葉「十日会」の記事掲載（十日会は大正2年より毎月鴻の巣で開催）
12月「忘年会は仏蘭西料理コーノス」の広告
「大福引」広告

『文章世界』13巻2号に『転身の頌』の会写真掲載
東京朝日新聞広告欄（2／15）
『芥川龍之介全集』第24巻
読売新聞（10／6）
東京朝日新聞広告欄（12／10）
東京朝日新聞広告欄（12／24）

1月　室尾犀星『愛の詩集』
2月　沖野岩三郎「煉瓦の雨」（『黒潮』）
3月　有島武郎「生まれ出づる悩み」（大阪毎日新聞連載）
7月　米騒動
芥川龍之介「蜘蛛の糸」『赤い鳥』創刊号
9月　室尾犀星『抒情小曲集』
11月　第一次世界大戦終結
島村抱月、スペイン風邪で急死

大正8（1919）　37歳

1月『新思潮』第1～5次のメンバー鴻乃巣に集う
3月　岡野知十「京都風の料理」で鴻乃巣の看板（魯山人刻）とスッポン料理屋開店に言及
京橋南鞘町6にスッポン料理「まるや」開業
4月　岡野知十「朝めしの洒落食ひ」で「まるや」の腸もちの鮎について言及
5月　高木長華展覧会記念晩餐会（25日）
7月　岡野知十「京都風スッポン鍋」で「まるや」を紹介
8月　鴻巣山人第1回個人展覧会〔鴻乃巣3階〕
自作展評「画家としての鴻の巣山人」掲載
〈L・コット、オリエンタル・パレス・ホテル（山下町11番）経営者〉

『芥川龍之介全集』第24巻年譜
『新家庭』4巻3号
東京朝日新聞広告欄（2／24）
『新家庭』4巻4号
「国際写真タイムス」6月号
『新家庭』4巻7号
『芸苑』4号「閑雲去来」
読売新聞（8／9）
（JD）

1月　松井須磨子自殺
5月　魯山人大雅堂芸術店開業
6月　関根正二没
ベルサイユ講和条約締結
9月　関根正二遺作画展（兜屋画堂）
10月　北原白秋童謡集『とんぼの眼玉』（『アルス』）
12月　木下杢太郎『食後の唄』

大正9（1920）38歳

4月 息子一夫暁星中学校入学
6月 柳銀之助「東京カフェ物語」で鴻乃巣を紹介
8月 駒蔵、星野温泉行き同行〔与謝野夫妻・西村伊作ら〕
9月 サモワール渡邉湖畔のもとに届く
10月 上田（敏）博士追悼会（29日）
〈L・コット、オリエンタル・パレス・ホテル（山下町11番）経営者〉

『講談雑誌』6巻6号
沖良機『資料与謝野晶子と旅』
渡邉和一郎氏の著者宛書簡
荷風『断腸亭日乗』
（JD）

1月 国際連盟成立
魯山人大雅堂美術店に改称
6月 松竹蒲田撮影所開所
11月 小山内薫「松竹キネマ研究所」所長就任

大正10（1921）39歳

3月 箱根・堂ヶ島行き同行〔与謝野夫妻・西村伊作・渡邊湖畔ら〕
8月 駒蔵、瀬津伊之助らと関根正二遺作画集の編纂作業に着手
越後タイムス社主催「余技展覧会」に日本画など十数点出品（25日）
9月 浅川・上野原行き同行〔与謝野夫妻・平野万里ら〕
10月 房州に同行〔与謝野夫妻・高村光太郎夫妻ら〕（19～20日）
11月 鴻巣山人個展〔鴻乃巣3階〕（23～25日）
アトリエ「鳩の家」北蒲田に完成
〈L・コット、オリエンタル・パレス・ホテル（山下町11番）経営者〉

沖良機『資料与謝野晶子と旅』
読売新聞「ビールの泡」（8／17）
越後タイムス（8／14、21、28、9／4）
沖良機『資料与謝野晶子と旅』
沖良機『資料与謝野晶子と旅』
読売新聞（11／18）、『美術月報』3巻4号に展覧会予告
越後タイムス（「鴻巣山人近信」翌11年1／1）
（JD）

4月 魯山人美食倶楽部開始
西村伊作「文化学院」創設
映画「寒椿」公開
11月 『明星』復刊（第2次明星）

大正11（1922）40歳

1月 越後タイムスに「鴻巣山人近信」
3月 **鴻乃巣 新装開店**（宣伝ポスター「新装成れる鴻の巣へ　壮麗！軽快！」の見出しで広告）

越後タイムス（1／1）
東京朝日新聞広告欄（3／24、26）

4月 第2次『明星』に改築御披露の広告
5月 萩原朔太郎『新しき欲情』出版記念会（8日）
9月 春陽会の会合（15日）
11月 鴻巣山人個展（鴻乃巣3階）（17～20日）
森鷗外全集編纂委員会（15日）
石井柏亭渡欧送別会（20日）
12月 フィリップ晩餐会（2日）
まるやと鴻乃巣同時広告「広い東京の名物聞けば まるやのすっぽん料理（一人三円）」「フランス料理鴻乃巣」室内壮麗、大小宴会場数間有（晩餐二円）
「12／24・25の両日クリスマス晩餐会」の広告
〈L・コット、オリエンタル・パレス・ホテル（山下町11番）経営者〉

第2次『明星』1巻6号
『萩原朔太郎全集』年譜
岸田劉生『劉生日記』
『美術月報』4巻3号に予告
永井荷風『断腸亭日乗』
『明星』2巻7号（一隅の卓）
東京朝日新聞（12／3）
読売新聞（12／5）、東京朝日新聞（12／8）
読売新聞（12／21）
（JD）

7月 森鷗外没

大正12（1923） 41歳

2月 与謝野鉄幹五十年誕辰祝賀晩餐会（帝国ホテル）に列席（26日）
越後タイムスに鴻巣山人「酒瓶とグラス」の挿絵載る
3月 個人雑誌『カフェエ夜話』創刊号発刊
伊豆山・熱海行きに同行（与謝野夫妻・渡邊湖畔ら）（12日）
4月「私の建てた鳩の家」を寄稿
文化学院にて隔週火曜日割烹の講師に招聘さる
5月『カフェエ夜話』5月号発行
6月「西洋食器の洗方と磨方」を寄稿
7月「知恵のない候補者」を投稿
有島武郎告別式・森鷗外追悼忌に与謝野夫妻と同行（9日）
「鴻乃巣・まるや」広告の脇に駒蔵の戯曲「カフェエの夕」載せる

第2次『明星』3巻4号（一隅の卓）
越後タイムス（2／18）
沖良機『資料与謝野晶子と旅』
『郊外』創刊号
『カフェエ夜話』5月号編集後記
（焦春筆）
『主婦の友』6月号
『郊外』1巻4号「梟の眼」
『明星』4巻2号（一隅の卓）
読売新聞（7／15）

4月 岡野知十の雑誌『郊外』創刊
6月 有島武郎、波多野秋子と心中自殺

8月　箱根・富士五湖行きに同行〔与謝野夫妻〕（2〜5日）
鴻乃巣で活動写真の撮影（6日）
9月　関東大震災で「鴻乃巣」「まるや」焼失
義兄L・コット、甥の順蔵死亡
11月　**鳩の家を移築して「鴻乃巣」を復興させる**
12月『建築写真類聚』に復興後の鴻乃巣の写真掲載される
光草生「日本橋から銀座まで」で復興した鴻乃巣を紹介
震災後の「鴻乃巣」の広告（鴻乃巣は乙姫様の住居なり）
「まるや」も当分の間鴻乃巣の店にて営業の広告

沖良機『資料与謝野晶子と旅』、
『明星』4巻3号（一隅の卓）
『寺田寅彦全集』第22巻日記5
生出恵哉『横浜山手外国人墓地』
『食行脚』（東京の巻）
『建築写真類聚』バラック建築巻1
『実業之日本』12月号
読売新聞（12／19）

9月　関東大震災
大杉栄、伊藤野枝殺される

大正13（1924）　42歳

3月　**「まるや」を上槙町6（中将湯横）に再建**
広告「すっぽんをたべたその夜のあた丶かさ」（駒蔵の句か）
4月「家庭向きの仏蘭西料理」寄稿
5月　まるや〔風流すっぽん料理〕の広告（駒蔵の蛙の挿絵入り）
6〜8月　築地小劇場のホールに「鴻乃巣」出店
8月　追悼文「湖上人と私」を寄稿
10月　京都・宇治行きに同行〔与謝野夫妻・関戸信次〕（13〜16日）
12月　蛙の百芸展〔銀座・明治製菓売店〕（1〜5日）
「鴻乃巣・月夜荘まるや」同時広告（一度召上ると血がおどります）

東京朝日新聞広告欄（3／31）
『主婦の友』4月号
東京朝日新聞広告欄（5／16）
『明星』5巻2、3号広告ページ
『郊外』2巻5号
沖良機『資料与謝野晶子と旅』、
『明星』5巻6号（一隅の卓）
読売新聞に予告記事（11／21）および写真入り紹介記事（12／2）
読売新聞（12／19）

4月　魯山人星岡茶寮開寮
6月　築地小劇場開場
10月　郡虎彦スイスで客死
11月　谷崎潤一郎「痴人の愛」『女性』連載

年	事項	出典	社会の出来事
大正14（1925）43歳	3月 鴻乃巣にて茅野雅子渡欧送別会 4月 息子一夫、文化学院大学部入学 6月「すっぽんの話」寄稿 7月 奥田優曇華『食行脚』に「鴻乃巣」と「まるや」紹介 鴻乃巣にて森鷗外、上田敏の忌日記念集会（9日） 10月1日 駒蔵死去 赤坂台町報土寺にて葬儀（3日） 与謝野晶子「鴻巣山人の死」10首発表（5日） 晶子『明星』に駒蔵の死を悼む文掲載 11月 岡野知十「湖上の茅舎にて」（鴻巣山人追憶）掲載 晶子ら友人らが鴻巣山人遺作展覧会開催（鴻乃巣）（20～25日）	『明星』6巻3号（一隅の卓） 『郊外』3巻3号 『食行脚』（東京の巻） 『明星』7巻2号（一隅の卓） 読売新聞ゴシップ欄（10／2） 東京朝日新聞に葬儀日程通知（10／2）、東京朝日新聞に会葬お礼通知（10／4） 読売新聞に晶子の歌と駒蔵の写真掲載（10／5） 『明星』7巻4号（一隅の卓） 『郊外』3巻8号 『明星』7巻5号（一隅の卓）	3月 東京放送開始 4月 文化学院大学部創設 5月 普通選挙法・治安維持法公布 7月 奥田優曇華『食行脚』
大正15・昭和元（1926）	1月 晶子、鴻巣山人遺作展の作品全部売り切れと報告 7月「東京食ある記」に「すっぽん料理丸屋」紹介	『明星』8巻1号（一隅の卓） 『実業之日本』（7月号）	
昭和3（1928）			12月 小山内薫没

昭和6（1931）			9月 満州事変勃発
昭和8（1933）	息子一夫、北川恵礎子と結婚（媒酌人与謝野夫妻）		3月 日本、国際連盟を脱退
昭和9（1934）	1月 駒蔵の孫鴻一誕生		
昭和10（1935）	10月 妻ヨネ死去（46歳） 12月 すっぽん料理まるや広告	東京朝日新聞（12／26）	3月 与謝野寛没
昭和11（1936）	6月 駒蔵の孫・恵二誕生		2月 二・二六事件
昭和12（1937）			日中戦争開戦
昭和14（1939）	まるや調理部池田英雄「今が美味しいすっぽん料理」を寄稿	『糧友』2月号	
昭和15（1940）	沖野岩三郎『宛名印記』で駒蔵の三欲に言及	沖野岩三郎『宛名印記』	9月 日独伊三国同盟締結
昭和16（1941）			12月 太平洋戦争に拡大

昭和17（1942）		5月 与謝野晶子没
昭和19（1944）		学童疎開開始
昭和20（1945）	3月 東京大空襲で「まるや」焼失	8月 敗戦

奥田家

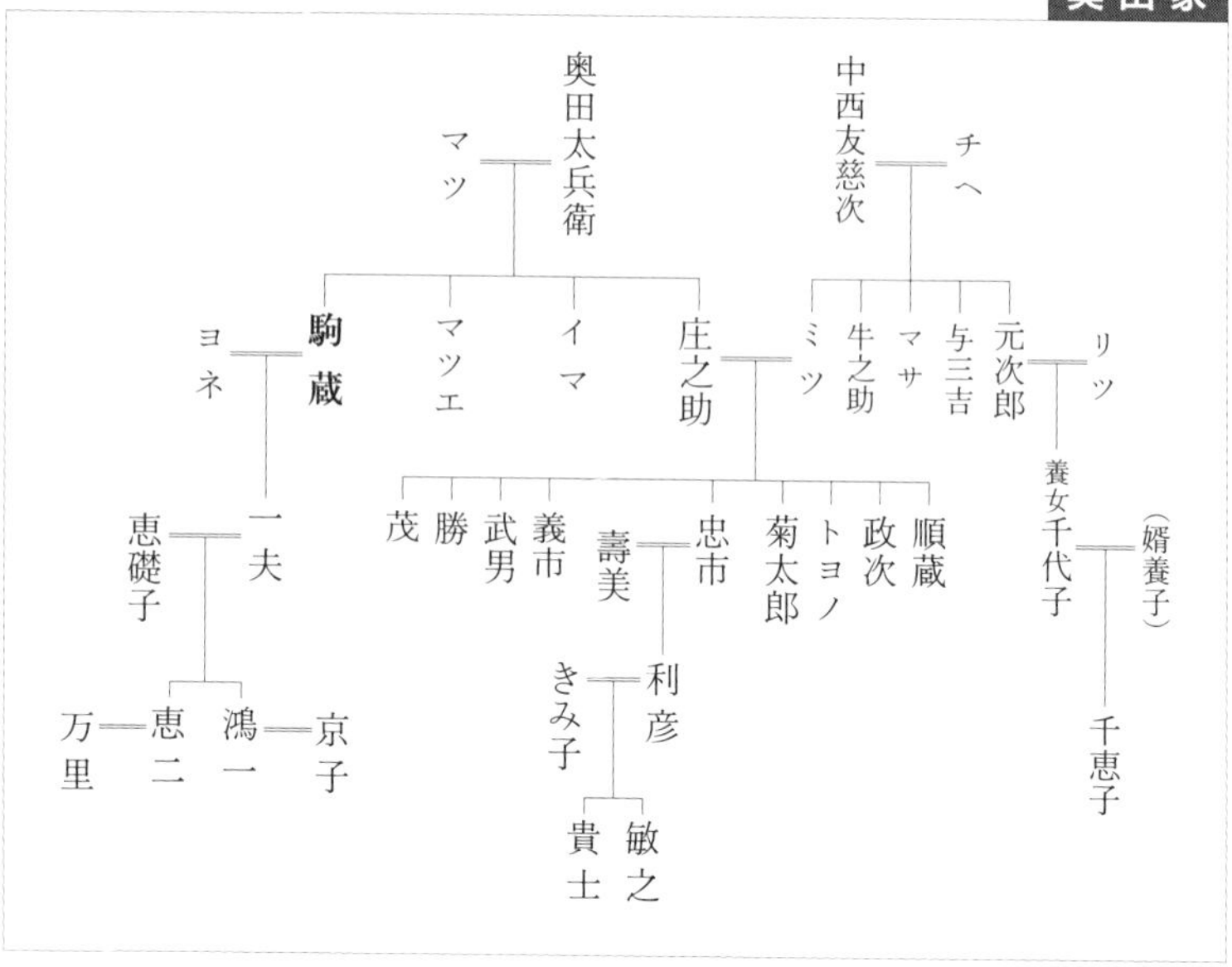

山崎家

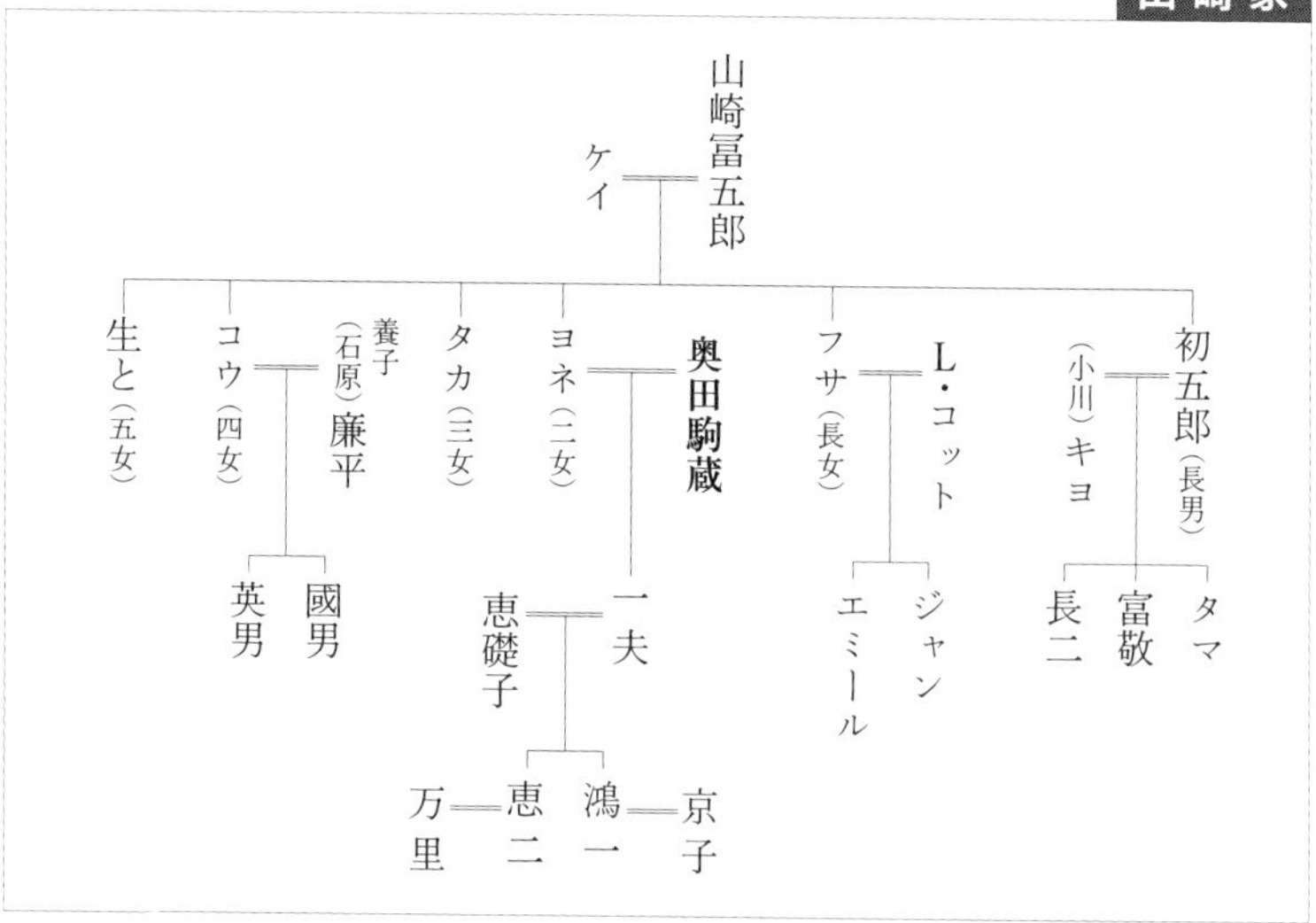

山崎冨五郎の子のうち、長女フサ、三女タカの名前は異なる可能性もある。
横浜市は関東大震災で戸籍原簿が焼失したため、震災後に再編成している。

「鴻乃巣」と「まるや」　現在の地図上の位置

①メイゾン鴻乃巣創業地
現在地：中央区小網町9-9

②木原店「メイゾン鴻乃巣」
現在地：中央区日本橋1丁目6付近・コレド日本橋の裏手

③京橋「鴻乃巣」
現在地：中央区京橋2丁目2・明治屋の場所

④初代「まるや」
現在地：中央区京橋2丁目8付近

⑤震災後の「まるや」
現在地：中央区日本橋3丁目6付近

あとがき

平成十八（二〇〇八）年、私はエッセイ集『祖父駒蔵と「メイゾン鴻之巣」』をかまくら春秋社から出版した。それまで自分なりに書いてきたエッセイ二十二篇を一冊にしたものだが、一番の眼目は表題となった一文を広く世に問うことで、その反響を期待するところにあった。

東京の本屋の店先に置かれたことで、新聞社が取材にきて全国紙に紹介されると、出版社への問い合わせもあった。ネット上でブログに間違いを指摘してくれた方もいる。まだ手元に在庫があるくらいだから、必ずしも大きな反応というわけではないが、奥田駒蔵と「メイゾン鴻乃巣」についてより深く調査研究するための手応えを感じたことは大きい。

はじめは、一〇〇年も前の文献資料を掘り起こすことなど私には無理だと思われた。しかし膨大な資料の海から釣り上げた一枚の紙から、駒蔵の声が聞こえ、姿が現れたりすると、駒蔵が生きた時代の空気がたちまち身近に感じられるようになる。その喜びは、次の発見の期待に変わり、資料渉猟が面白くてやめられない生活となった。ここ十数年、夢中になって駒蔵を追いかけてきたのは、何よりも駒蔵という人間の底なしの面白さの故である。

とはいえ、浅薄非才な私のこと、付け焼き刃の学習で理解できることは限られる。十年余にわたる駒蔵調査の過程で、その道の専門家に出会うことができたことは、実に幸運だった。

関根正二についてはブリヂストン美術館主任学芸員の貝塚健氏、東京日本橋・京橋の歴史関連は元中央区郷土博物館の野口孝一氏、歴史的建造物に詳しい川村勝則氏、京橋仲通りの古美術商飯田國宏氏、杢太郎研究会の村田稲造氏、吉井勇の収集家京田辺市の古川章氏、与謝野晶子研究者逸見久美氏、佐渡の渡邉湖畔の甥渡邉和一郎夫妻、柏崎では越後タイムス社の柴野毅実氏、花田屋の吉田直一郎氏、銀座の渡邉木版美術画舗の渡邉章一郎氏、『カフェエ夜話』では和田博文氏、歌舞伎作者の家の故河竹登志夫氏、そして日本料理専門出版社である柴田書店の高松幸治氏の各氏にはことのほかお世話になった。とくに高松氏には、魯山人と「まるや」をめぐる資料だけでなく多くの文献資料を提供していただき、心強いかぎりだった。ご協力下さった方々に深く感謝申し上げる。また、作家三木卓氏、美術評論家の酒井忠康氏、作家窪島誠一郎氏、友人諸氏には側面から励ましていただいた。これら先達の存在が私を支え、背中を押してくれたのだと思う。

駒蔵の京都市中での動向や横浜での修行先、さらに渡欧の実態など、とくに前半生について充分な資料が得られていない。また大正期の演劇・映画界と鴻乃巣の関わりも、今後調べが進めば、新たな事実が見つかりそうである。いずれ補筆する機会があるかもしれない。

出版に際し、ドキュメント作家の中田整一氏、装幀を引き受けてくれた坂本陽一氏、忍耐強く支えてくれた幻戯書房の田尻勉氏、三好咲氏、佐藤英子氏にお礼申し上げる。最後に、駒蔵の故郷で出会った奥田きみ子さん、故中西千恵子さん、スウェーデン語の山本千帆さん、駒蔵の資質「向上心・先見性・芸術的センス」のＤＮＡを受け継ぐ義兄鴻一と夫恵二のサポートに感謝する。

奥田万里（おくだ・まり）
一九四七年静岡市生まれ。静岡高等学校から静岡大学教育学部へ進み、卒業後は静岡北高等学校教諭、静岡理工科大学学務課長を務めた。静岡県榛原郡川根本町在住。
夫の祖父の足跡を掘り起こすことをライフワークとし、二〇〇六年に『祖父駒蔵と「メイゾン鴻之巣」』で第四六回静岡県芸術祭文学部門（随筆）の芸術祭賞を受賞。〇八年には同作を表題とするエッセイ集（かまくら春秋社）を刊行した。本書は以降に発掘された文献資料を含め、その調査研究の集大成となる。

大正文士のサロンを作った男
――奥田駒蔵とメイゾン鴻乃巣

二〇一五年五月二十五日　第一刷発行

著　者　奥田万里
発行者　田尻　勉
発行所　幻戯書房
郵便番号一〇一 - 〇〇五二
東京都千代田区神田小川町三 - 十二
電　話　〇三 - 五二八三 - 三九三四
ＦＡＸ　〇三 - 五二八三 - 三九三五
ＵＲＬ　http://www.genki-shobou.co.jp/

印刷・製本　美研プリンティング

ISBN978-4-86488-071-8　C0095